L'économie de marché islamique

Les fondements d'un nouveau modèle de développement

Collection « L'esprit économique »

fondée par Sophie Boutillier et Dimitri Uzunidis en 1996
dirigée par Sophie Boutillier, Blandine Laperche, Dimitri Uzunidis

Si l'apparence des choses se confondait avec leur réalité, toute réflexion, toute Science, toute recherche serait superflue. La collection « L'esprit économique » soulève le débat, textes et images à l'appui, sur la face cachée économique des faits sociaux : rapports de pouvoir, de production et d'échange, innovations organisationnelles, technologiques et financières, espaces globaux et microéconomiques de valorisation et de profit, pensées critiques et novatrices sur le monde en mouvement...
Ces ouvrages s'adressent aux étudiants, aux enseignants, aux chercheurs en sciences économiques, politiques, sociales, juridiques et de gestion, ainsi qu'aux experts d'entreprise et d'administration des institutions.

La collection est divisée en six séries :

Dans la série *Economie et Innovation* sont publiés des ouvrages d'économie industrielle, financière et du travail et de sociologie économique qui mettent l'accent sur les transformations économiques et sociales suite à l'introduction de nouvelles techniques et méthodes de production. L'innovation se confond avec la nouveauté marchande et touche le cœur même des rapports sociaux et de leurs représentations institutionnelles.

La série *Economie formelle* a pour objectif de promouvoir l'analyse des faits économiques contemporains en s'appuyant sur les approches critiques de l'économie telle qu'elle est enseignée et normalisée mondialement. Elle comprend des livres qui s'interrogent sur les choix des acteurs économiques dans une perspective macroéconomique, historique et prospective.

Dans la série *Le Monde en Question* sont publiés des ouvrages d'économie politique traitant des problèmes internationaux. Les économies nationales, le développement, les espaces élargis, ainsi que l'étude des ressorts fondamentaux de l'économie mondiale sont les sujets de prédilection dans le choix des publications.

La série *Krisis* a été créée pour faciliter la lecture historique des problèmes économiques et sociaux d'aujourd'hui liés aux métamorphoses de l'organisation industrielle et du travail. Elle comprend la réédition d'ouvrages anciens, de compilations de textes autour des mêmes questions et des ouvrages d'histoire de la pensée et des faits économiques.

La série *Clichés* a été créée pour fixer les impressions du monde économique. Les ouvrages contiennent photos et texte pour faire ressortir les caractéristiques d'une situation donnée. Le premier thème directeur est : mémoire et actualité du travail et de l'industrie ; le second : histoire et impacts économiques et sociaux des innovations.

La série *Cours Principaux* comprend des ouvrages simples, fondamentaux et/ou spécialisés qui s'adressent aux étudiants en licence et en master en économie, sociologie, droit, et gestion. Son principe de base est l'application du vieil adage chinois : « le plus long voyage commence par le premier pas ».

Ridha Chkoundali
Mohamed Nouri

L'économie de marché islamique

Les fondements d'un nouveau modèle de développement

L'Harmattan

5-7, rue de l'École-Polytechnique, 75005 Paris

http://www.editions-harmattan.fr

ISBN : 978-2-336-64009-9
EAN : 9782336640099

SOMMAIRE

PREFACE

Cet ouvrage s'inscrit dans une double ambition intellectuelle clairement assumée. Il vise, d'une part, à mettre à la disposition du lectorat une analyse approfondie des fondements, des mécanismes et des finalités d'un modèle économique inspiré des principes de l'économie islamique. Il entend, d'autre part, inscrire cette réflexion dans une démarche scientifique résolument interdisciplinaire, susceptible de dépasser les cloisonnements épistémologiques et méthodologiques qui structurent encore une part importante de la littérature contemporaine consacrée à ce champ d'étude.

Depuis plusieurs décennies, les débats relatifs à l'économie islamique et à la finance islamique ont connu un développement significatif dans les sphères académiques, institutionnelles et professionnelles. Toutefois, malgré l'abondance des travaux, une difficulté structurelle persiste : la fragmentation du savoir entre disciplines qui traitent d'un même objet sans réelle intégration théorique. Les sciences islamiques, d'un côté, ont produit une littérature substantielle sur les dimensions juridiques, normatives et éthiques des transactions, mais demeurent souvent insuffisamment articulées aux dynamiques macroéconomiques et financières contemporaines. Les sciences économiques modernes, de l'autre, mobilisent des instruments analytiques sophistiqués et une connaissance approfondie des mécanismes institutionnels, mais intègrent rarement la profondeur philosophique, axiologique et civilisationnelle de la pensée économique islamique.

Le présent ouvrage procède de la volonté de réduire cette fracture intellectuelle à travers une fécondation croisée entre les sciences économiques contemporaines et les sciences islamiques. Il repose sur un dialogue entre deux trajectoires scientifiques distinctes mais convergentes dans leurs finalités et leur souci d'intelligibilité des phénomènes économiques.

Le premier apport est celui d'un macroéconomiste ayant développé une double expérience, académique et institutionnelle. L'expérience universitaire a permis une analyse des mécanismes économiques contemporains et des transformations structurelles des économies modernes. L'expérience administrative a, quant à elle, permis une confrontation directe avec les contraintes réelles de conception et de mise en œuvre des politiques économiques, financières et sociales. Cette double perspective permet de dépasser les approches purement abstraites en réinscrivant les modèles dans les conditions concrètes de leur opérationnalisation.

Le second apport est celui d'un spécialiste en économie islamique, en finance islamique, en *Fiqh Al-Muamalat* et en sciences d'*El-Maqâsid*. Son expérience au sein de plusieurs comités (*Sharia Boards*) dans des institutions financières islamiques, ainsi que ses travaux consacrés à différents aspects de l'économie islamique, permettent d'inscrire l'analyse économique dans un cadre normatif structuré par les finalités supérieures de la charia. Son intervention dépasse la simple validation juridique : elle contribue à la structuration même de la réflexion en introduisant une lecture fondée sur les principes de justice, d'équilibre, de responsabilité et de préservation de l'intérêt général.

Cette complémentarité constitue le noyau méthodologique et épistémologique de l'ouvrage. Il ne s'agit ni de juxtaposer deux discours autonomes, ni d'opérer une transposition terminologique de mécanismes économiques conventionnels, mais de construire une architecture analytique cohérente articulant rationalité économique, exigence éthique et contraintes institutionnelles.

Les propositions formulées ne prétendent pas fixer des modèles définitifs ni des solutions universelles. Elles relèvent du champ d'*Al-Ijtihad* économique, entendu comme effort d'interprétation contextualisée des finalités normatives dans des environnements historiques changeants. Elles constituent une tentative d'actualisation des finalités économiques de l'islam dans les structures contemporaines.

L'originalité de cet ouvrage réside également dans sa volonté de dépasser les approches apologétiques, défensives ou polémiques qui ont parfois marqué ce champ de recherche. Il ne s'agit ni d'opposer systématiquement deux systèmes économiques, ni de proposer une construction idéalisée déconnectée des réalités du monde contemporain, mais d'interroger la capacité des principes de l'économie islamique à éclairer certaines tensions structurelles majeures : Inflation, chômage, instabilité financière, endettement, inégalités sociales et crises de l'économie productive.

Dans cette perspective, l'économie de marché islamique n'est pas conçue comme un système clos, mais comme une tentative de recomposition théorique visant à articuler efficacité économique, justice sociale et encadrement éthique du marché. Le marché y conserve sa fonction centrale d'allocation des ressources et de stimulation de l'initiative individuelle, tout en étant intégré dans un cadre éthique destiné à limiter les dérives spéculatives, les déséquilibres financiers et la concentration improductive des richesses.

Par ailleurs, cet ouvrage s'inscrit dans une réflexion attentive aux réalités des économies contemporaines, en particulier celles des pays en développement confrontés aux défis de croissance, de chômage, de dépendance financière et de fragilité institutionnelle. Il dépasse ainsi le cadre théorique pour intégrer des problématiques de gouvernance, de politique économique et de transformation institutionnelle.

Enfin, ce travail de recherche vise à contribuer à l'ouverture d'un espace de dialogue élargi entre économistes, juristes, spécialistes des sciences islamiques et décideurs publics. Si cet ouvrage parvient à enrichir le débat scientifique sur les alternatives économiques contemporaines et à promouvoir une approche interdisciplinaire, alors l'objectif intellectuel et scientifique qui a guidé sa conception aura été pleinement atteint.

RESUME INTRODUCTIF

Cet ouvrage propose une nouvelle approche d'un modèle de développement fondé sur l'idée d'une économie de marché islamique, conçue à la fois comme cadre théorique et pratique, à l'instar des différents modèles de développement relevant du système d'économie de marché libérale, sociale ou socialiste. Ce cadre de référence vise à intégrer des formes multiples, reflétant la diversité des pays et des sociétés musulmanes, leurs expériences, leurs spécificités et leurs différences. Il en découle des fonctions économiques islamiques locales de production, de consommation, d'investissement et de répartition, qui traduisent les différentes situations des pays concernés et s'inscrivent dans les principes de l'économie et de la finance islamiques orientant les comportements économiques à toutes les étapes du cycle économique.

Le modèle proposé repose sur deux fondements essentiels : l'instauration de la *Zakat* et l'abolition du *Riba* (intérêt usuraire) à travers une élimination progressive du système des taux d'intérêt. Dans ce cadre, la fonction de consommation est liée au niveau moyen de dépense de la classe sociale, tandis que l'État y joue un rôle d'État-providence actif et responsable, et non celui d'un simple État régulateur ou d'un État minimal tel que le prône le néolibéralisme. Ses choix et ses politiques s'inspirent des finalités de l'économie islamique, articulées autour de la mise en valeur, de l'autonomisation, de la sécurité, de l'équilibre, de la justice et de la durabilité. Ils s'appuient également sur une vision stratégique de développement propre à chaque pays, fondée sur quatre composantes essentielles : la capabilité, la participation, le bien-être et la justice sociale. L'objectif est de transformer l'économie d'un modèle fondé sur l'importation de matières premières et demi-produits vers une économie productive et exportatrice, et d'une économie de sous-traitance vers une économie intégrée à forte valeur ajoutée et à taux d'intégration élevé.

La vision économique de ce modèle alternatif repose sur une hypothèse fondamentale selon laquelle le problème économique ne réside pas dans la rareté des ressources - la plupart des pays musulmans disposant d'une relative abondance - mais dans leur mauvaise gestion et leur mauvaise exploitation. Cette vision vise, en premier lieu, à lutter contre la pauvreté en proposant une nouvelle définition du seuil de pauvreté, mesuré par le seuil imposable de la *Zakat*, appelé *Nisab*. Elle cherche, en second lieu, à traiter le problème du chômage en distinguant deux types de chômage : le chômage volontaire, résultant de l'inaction, de l'assistanat ou de la mendicité, et le chômage involontaire, imposé par les contraintes du marché du travail. Alors que le premier est rejeté, le second est interprété non comme une conséquence de la surabondance de la main-d'œuvre ou de la rareté des emplois, mais dans les deux cas, comme le résultat d'une mauvaise gestion des ressources humaines et matérielles. Le troisième objectif consiste à maîtriser l'inflation, considérée dans ce modèle comme un phénomène économique et non purement monétaire, provenant du côté de l'offre plutôt que de la demande. La politique monétaire, conduite par la banque centrale, passe ainsi d'une approche corrective à une approche préventive visant à éviter les déséquilibres en amont.

Dans ce cadre, les transactions monétaires sont limitées aux opérations économiques réelles respectant des règles strictes, notamment l'interdiction de la thésaurisation, du *Riba* et de la titrisation des dettes, ainsi que la prohibition des contrats à terme et des produits dérivés spéculatifs. La politique monétaire est ainsi étroitement liée à l'économie réelle qu'elle sert, reposant sur l'échange plutôt que sur le crédit. Dès lors, la mission principale de la banque centrale consiste à assurer une gestion optimale de la croissance de la masse monétaire, en veillant à ce qu'elle n'excède pas le rythme de croissance économique, afin que l'offre de monnaie soutienne effectivement la croissance en orientant le crédit vers les projets les plus productifs et les plus créateurs d'emplois.

Par ailleurs, la demande de monnaie est dissociée du taux d'intérêt et liée au rendement de la participation et à la rentabilité des activités économiques. Le seuil de la *Zakat* peut servir de référence pour distinguer les différentes formes de demande de monnaie. La demande spéculative est ainsi déterminée par l'arbitrage entre le taux de profit ou de participation et le coût de détention de la monnaie, représenté par la *Zakat* due sur les avoirs non investis. Dans cette perspective, l'État n'est autorisé à emprunter auprès du système monétaire - ni auprès de la banque centrale ni des banques commerciales - que dans la mesure strictement nécessaire aux besoins de l'économie, et à condition que ces ressources soient affectées à des fins productives, conformément au principe fondamental d'équilibre entre la croissance de la masse monétaire et celle du produit intérieur brut afin d'éviter l'inflation.

Dans une phase de coexistence entre banques conventionnelles et banques islamiques, la banque centrale fixe le taux directeur des banques conventionnelles à un niveau n'excédant pas le taux d'inflation. Parallèlement, les banques islamiques déterminent leurs taux de rendements en fonction de l'inflation plutôt que du taux d'intérêt, orientant ainsi les dépôts vers l'investissement productif plutôt que vers le prêt à intérêt. Dans ces banques, le prêt ne peut prendre que la forme de prêts sans intérêt (*Qardh Hasan*), afin d'éviter les mécanismes inflationnistes. Sur le marché des changes, le taux de change est déterminé par l'offre et la demande de devises.

En revanche, le modèle d'économie de marché islamique accorde une place prépondérante à la politique budgétaire dans le financement de l'activité économique, en particulier à travers le renforcement des échanges de biens et de services. Dans cette perspective, les banques ne se limitent plus à un rôle d'intermédiation financière, mais deviennent des acteurs essentiels de l'économie réelle, en parallèle avec l'essor des marchés financiers et la stimulation des transactions sur les actions et les *Sukuk* à des fins d'investissement et de développement.

Du point de vue des dépenses publiques, la politique budgétaire du modèle d'économie de marché islamique repose sur deux principes fondamentaux : le principe de primauté de l'intérêt général et le principe d'affectation des ressources. En vertu du principe selon lequel « la prévention des préjudices prime sur la réalisation des intérêts », l'État est amené à arbitrer en faveur des dépenses visant à éviter les dommages, même lorsque d'autres dépenses contribuent à la réalisation d'un intérêt général.

En conséquence, il incombe à l'État de hiérarchiser les besoins collectifs en fonction de leur priorité dans la satisfaction des exigences de la société, en les distinguant entre les besoins indispensables, les besoins utiles et les besoins de perfectionnement. En situation de rareté des ressources, les besoins indispensables doivent être satisfaits en priorité, suivis des besoins utiles, puis des besoins de perfectionnement. Il n'est dès lors pas rationnel d'allouer des ressources à la satisfaction d'un besoin de rang inférieur alors qu'un besoin plus fondamental demeure insuffisamment couvert. Une telle hiérarchisation permet d'orienter la dépense publique vers les usages les plus prioritaires et d'assurer ainsi la maximisation de l'utilité sociale globale. Elle vise à garantir une allocation optimale des ressources publiques et à maximiser l'utilité sociale des dépenses publiques.

Le second principe, celui de l'affectation des ressources, Il implique que le budget de l'État soit organisé selon une logique de budgets spécialisés plutôt que sous la forme d'un budget global unique. Une telle approche permet une meilleure lisibilité de l'allocation des ressources, renforce l'efficacité de la gestion publique et contribue à un traitement plus rigoureux et ciblé des déséquilibres budgétaires globaux.

En suivant ces deux principes, le budget de l'État se compose d'un budget principal, celui de la *Zakat*, et d'un budget complémentaire, celui de la fiscalité, auquel il n'est recouru qu'en cas d'insuffisance du premier. La politique fiscale se caractérise par une réduction des taux d'imposition, en contrepartie d'un élargissement de l'assiette fiscale, par la limitation du recours aux impôts indirects, et par la poursuite de l'objectif de justice sociale. Par ailleurs, l'existence du *Waqf*, en tant que forme de donation volontaire complémentaire à la *Zakat* obligatoire, contribue à mobiliser les ressources financières et matérielles au service du développement économique et social.

Enfin, la mise en œuvre du modèle d'économie de marché islamique repose sur trois mécanismes fondamentaux. Le premier est la lutte contre la corruption, considérée comme la racine structurelle des déséquilibres macro-économiques. Celle-ci est interprétée comme le résultat de comportements non rationnels et non responsables, individuels et collectifs, affectant l'allocation et l'utilisation des ressources.

Contrairement aux modèles conventionnels, le deuxième mécanisme du modèle d'économie de marché islamique repose sur le développement d'échanges fondés sur la diversité et la complémentarité des biens et services, plutôt que sur la similitude des transactions. En effet, les échanges de nature similaire, tels que les opérations de monnaie contre monnaie, sont considérés comme stériles en termes de création de richesse. À l'inverse, les échanges reposant sur la diversité et la complémentarité - notamment les échanges de biens contre monnaie ou de monnaie contre biens (achats/ventes) - constituent des transactions productives et génératrices de valeur ajoutée.

Le soutien à la croissance économique dans le modèle d'économie de marché islamique repose sur des moteurs principaux, notamment les dépenses publiques et privées, dans ses dimensions volontaire et obligatoire, de consommation et d'investissement, ainsi que locale et étrangère. Il inclut l'ensemble des acteurs de l'économie réelle, tels que les individus, les ménages, les entreprises non financières, ainsi que l'État et les administrations publiques, à l'exclusion des banques et des compagnies d'assurance. Il comprend également le financement, en tant que moteur de la production et de l'ensemble des activités économiques liées aux opérations de vente, d'achat, de location, d'investissement et de création de profit. La propriété constitue également un levier essentiel, dans la mesure où elle contribue à la formation, à la circulation et à la transmission de la richesse au sein du cycle économique, tout en participant à l'articulation entre les secteurs privé, public et solidaire.

Cette nouvelle approche de l'économie de marché islamique intègre implicitement les moteurs traditionnels de la croissance économique - consommation, investissement et exportation - tout en s'en distinguant par son caractère global, intégré et fondé sur la responsabilité sociétale.

Le troisième mécanisme déterminant pour la réalisation des objectifs de ce modèle alternatif réside dans la réduction de l'endettement et la transition d'une économie fondée sur la dette vers une économie fondée sur la participation. Ce modèle repose sur les ressources réelles tangibles et les actifs productifs, et privilégie l'autofinancement de l'économie réelle comme substitut au recours à l'endettement. Ce dernier est présenté comme ayant favorisé une dynamique de repli structurel, caractérisée par un cercle vicieux de sous-développement, de dépendance et d'érosion de l'autonomie économique.

Mots-clés : Modèle de développement / Économie de marché / Économie de marché islamique / Économie islamique / Croissance économique / Politiques économiques / Théories économiques.

CHAPITRE PREMIER

Fondements théoriques de l'Économie de Marché

Ce chapitre a pour objectif d'exposer le cadre théorique de l'économie de marché en tant que système d'organisation des activités économiques. Il s'articule autour de cinq sections complémentaires. La première retrace le contexte historique et conceptuel du concept. La deuxième présente les principes fondamentaux qui régissent son fonctionnement. La troisième examine les principales théories économiques qui en proposent des lectures différenciées. La quatrième met en évidence son rôle et son importance dans l'économie contemporaine. Enfin, la cinquième section analyse ses principales défaillances.

Section 1 : Genèse historique de l'économie de marché

Le concept d'économie de marché repose sur l'association des deux notions : le « marché » et « l'économie ». Le marché désigne l'espace réel ou virtuel dans lequel se rencontrent les vendeurs et les acheteurs afin d'échanger des biens et des services. Cet espace peut être local, régional ou international. Il ne s'agit pas seulement d'un lieu physique, mais d'un mécanisme organisé où s'exercent les forces de l'offre et de la demande, lesquelles déterminent les prix des biens et services.

Les marchés présentent une grande diversité, que l'on peut classer selon plusieurs critères. Du point de vue de leur continuité, certains sont permanents, comme les marchés financiers ou monétaires, tandis que d'autres sont temporaires, tels que les marchés ruraux ou les foires, ou encore périodiques, comme les marchés hebdomadaires. Selon leur étendue, les marchés peuvent être locaux - par exemple les marchés urbains - ou mondiaux, à l'image du marché pétrolier. Ils se distinguent également par la nature des biens échangés : marchés immobiliers, marchés de devises, marchés de produits agricoles ou industriels. On peut aussi les différencier selon leur finalité (biens de production ou biens de consommation) ou selon le volume des transactions (marchés de gros ou de détail).

Le terme « économie », quant à lui, renvoie à l'ensemble des activités liées à la gestion des ressources disponibles en vue de satisfaire les besoins humains. Avec le temps, l'économie est devenue une discipline scientifique autonome qui étudie la production, la répartition et la consommation des richesses. Elle peut prendre différentes formes selon les systèmes adoptés, tels que l'économie dirigée, l'économie sociale ou encore l'économie de marché.

Lorsque ces deux notions sont associées, l'économie de marché désigne un système dans lequel les décisions économiques - notamment la production, l'échange et l'allocation des ressources - sont déterminées principalement par les interactions entre les agents économiques, à travers les mécanismes de l'offre et de la demande, plutôt que par une autorité centrale.

Sur le plan historique, ce concept s'est développé au sein de la pensée économique classique, notamment grâce aux travaux de Adam Smith, David Ricardo et Jean-Baptiste Say. Ces auteurs ont défendu l'idée d'un marché libre fondé sur la liberté individuelle et la recherche de l'intérêt personnel, considérant que ce mécanisme permet une allocation plus efficace des ressources que l'intervention de l'État.

Au XXe siècle, cette approche a été approfondie par Friedrich Hayek, l'un des principaux représentants du libéralisme moderne. Il a mis en évidence le rôle du marché comme système de coordination reposant sur la circulation de l'information entre les individus. Selon lui, le marché fonctionne comme un « ordre spontané », c'est-à-dire un système qui s'organise de lui-même sans direction centrale, grâce aux interactions entre les acteurs économiques.

Dans ce cadre s'inscrit la théorie de la « main invisible », souvent associée à Adam Smith. Cette idée signifie que la poursuite des intérêts individuels peut conduire, de manière non intentionnelle, à des résultats bénéfiques pour l'ensemble de la société. Autrement dit, chacun cherche à améliorer sa propre situation, mais ce comportement contribue indirectement à l'intérêt général.

Dans la perspective libérale, ce mécanisme est considéré comme capable d'assurer spontanément l'équilibre économique. Le rôle de l'État est alors limité à des fonctions essentielles, telles que la protection des droits individuels, la sécurité et la mise en place d'un cadre juridique garantissant le bon fonctionnement des échanges.

Les définitions contemporaines de l'économie de marché convergent vers une idée commune : il s'agit d'un système décentralisé dans lequel les décisions économiques sont guidées par les prix, eux-mêmes déterminés par l'offre et la demande. Dans ce cadre, les entreprises décident de produire en fonction des signaux du marché, tandis que les consommateurs expriment leurs préférences par leurs choix d'achat.

Dans son ouvrage majeur, « La richesse des nations »[1], Adam Smith explique que le prix d'un bien dépend de la relation entre la quantité disponible et la demande des consommateurs. Si un bien est rare et très demandé, son prix augmente ; inversement, s'il est abondant et peu demandé, son prix diminue. Ce mécanisme permet d'ajuster en permanence la production et la consommation.

Smith met également en avant trois principes fondamentaux qui structurent le fonctionnement du marché. Le premier est la poursuite de l'intérêt personnel, selon laquelle chaque individu cherche à améliorer sa propre situation. Le deuxième est la division du travail, qui permet d'accroître la productivité en spécialisant les tâches. Le

---

1 Smith, Adam. *Recherches sur la nature et les causes de la richesse des nations.* Londres, 1776.

troisième est la liberté du commerce, qui facilite les échanges et permet à chacun de bénéficier des avantages de la spécialisation.

Cependant, l'évolution du capitalisme au cours des derniers siècles a profondément transformé ce cadre théorique. Les crises économiques majeures, telles que la Grande Dépression, la crise financière mondiale de 2008, la pandémie de COVID-19, ainsi que les tensions géopolitiques récentes, ont mis en évidence les limites du mécanisme autorégulateur du marché.

Ces événements ont montré que la « main invisible » ne suffit pas toujours à corriger les déséquilibres économiques majeurs, ce qui a conduit à un renouvellement du débat sur le rôle de l'État et sur la nécessité d'encadrer le fonctionnement des marchés.

Section 2 : Les principes fondamentaux de l'économie de marché

L'économie de marché repose sur un ensemble de principes fondamentaux qui en structurent le fonctionnement et en définissent la logique interne. Ces principes, élaborés progressivement par la pensée économique, notamment dans le cadre de la théorie libérale, permettent de distinguer ce système des autres formes d'organisation économique, telles que l'économie socialiste ou l'économie mixte.

Ces principes ne constituent pas seulement des règles abstraites, mais représentent également des mécanismes concrets qui orientent les comportements des agents économiques - consommateurs, producteurs et investisseurs - dans leurs décisions quotidiennes.

1. La formation des prix par le jeu de l'offre et de la demande : Ce mécanisme constitue le fondement central de l'économie de marché. Dans ce système, les prix ne sont pas fixés par une autorité centrale, mais résultent de la rencontre entre les offreurs (producteurs) et les demandeurs (consommateurs). Lorsque la demande pour un bien ou un service augmente, son prix tend à s'élever. À l'inverse, lorsque l'offre devient plus abondante que la demande, les prix ont tendance à baisser. Ce processus permet un ajustement continu entre production et consommation : le prix agit comme un signal. Il indique aux producteurs ce qu'il est rentable de produire et aux consommateurs ce qu'ils peuvent ou souhaitent acheter.

Sur le plan théorique, les prix permettent d'assurer un équilibre entre les intérêts des différents acteurs économiques. Les consommateurs cherchent maximiser leur satisfaction (ou utilité), tandis que les producteurs visent à maximiser leurs profits.

2. La liberté de production et d'échange : Ce principe se traduit par la liberté d'échanger et de produire. Les agents économiques disposent de la possibilité de prendre leurs décisions de manière autonome, sans contrainte directe d'une autorité centrale.

Concrètement, cela signifie que les entreprises sont libres de choisir les biens et services qu'elles souhaitent produire, les méthodes de production qu'elles jugent les plus appropriées, ainsi que les marchés sur lesquels elles souhaitent opérer. De même, les consommateurs sont libres de choisir les biens qu'ils souhaitent acquérir en fonction de leurs préférences et de leurs ressources.

Cette liberté constitue un moteur important du dynamisme économique, car elle favorise l'initiative individuelle, l'innovation et l'adaptation rapide aux changements de la demande. Toutefois, elle s'exerce toujours dans un cadre institutionnel donné, qui peut inclure des règles juridiques ou des normes sociales.

3. La propriété privée des moyens de production : La propriété privée représente l'un des piliers fondamentaux de l'économie de marché. Elle signifie que les individus ou les entreprises détiennent le droit de posséder les moyens de production - tels que les terres, les machines ou les capitaux - et de les utiliser selon leurs propres objectifs.

Ce droit de propriété inclut également la possibilité de transférer ces ressources, par la vente ou l'échange, dans le cadre du marché.

D'un point de vue économique, la propriété privée joue un rôle incitatif important. Elle encourage les individus à investir, à innover et à améliorer l'utilisation des ressources, dans la mesure où ils peuvent en tirer un bénéfice direct. Ce principe repose sur l'idée suivante : lorsqu'une personne possède un bien ou une entreprise, elle est généralement plus motivée à en assurer la bonne gestion et à en accroître la valeur.

4. La recherche du profit dans un cadre concurrentiel : La recherche du profit constitue une caractéristique centrale de l'activité économique dans une économie de marché. Le profit représente la différence entre les revenus obtenus et les coûts engagés dans la production. Il agit comme une incitation fondamentale pour les entreprises.

Dans un cadre théorique idéal, ce profit se forme dans un environnement de concurrence, où plusieurs producteurs offrent des biens similaires. Dans cette situation, les entreprises sont incitées à améliorer leur efficacité, à réduire leurs coûts et à proposer de meilleurs produits afin d'attirer les consommateurs.

Cependant, dans la réalité, les entreprises peuvent chercher à limiter cette concurrence en se regroupant ou en dominant le marché, donnant ainsi naissance à des situations de monopole ou d'oligopole. Ces situations peuvent leur permettre d'exercer un pouvoir sur les prix et de maximiser leurs profits.

Ainsi, la recherche du profit, bien qu'elle soit un moteur de dynamisme économique, peut également conduire à des déséquilibres lorsqu'elle s'accompagne d'une concentration excessive du pouvoir économique.

5. La liberté du travail et de l'initiative privée : La liberté du travail constitue un autre principe fondamental de l'économie de marché. Elle signifie que chaque individu est libre de choisir l'activité professionnelle qu'il souhaite exercer, en fonction de ses compétences, de ses préférences et des opportunités disponibles sur le marché.

Ce principe implique également la liberté de circulation de la main-d'œuvre, c'est-à-dire la possibilité pour les travailleurs de changer d'emploi ou de secteur d'activité. Cette liberté de circulation contribue à une meilleure allocation des ressources humaines, en permettant aux travailleurs de se diriger vers les activités où ils sont les plus productifs.

Toutefois, dans la pratique, cette mobilité peut être limitée par des facteurs économiques, sociaux ou institutionnels.

6. La concurrence comme mécanisme de régulation économique : Ce principe constitue le principal moteur de l'efficacité économique, de l'innovation et de l'amélioration de la qualité des biens et services.

Dans un environnement concurrentiel, les entreprises sont constamment incitées à s'adapter aux exigences du marché. Si la demande pour un produit augmente, les prix tendent à s'élever, ce qui encourage les producteurs à augmenter leur production. Cette augmentation de l'offre contribue ensuite à faire baisser les prix, rétablissant ainsi un certain équilibre.

Ce mécanisme peut être compris comme un processus d'ajustement continu : la concurrence pousse les entreprises à se perfectionner, tandis que les moins efficaces sont progressivement éliminées du marché.

Cependant, la concurrence parfaite reste une situation théorique. Dans la réalité, elle est souvent limitée par des barrières à l'entrée, des ententes entre entreprises ou des positions dominantes, ce qui peut réduire son efficacité.

Section 3 : Les principales théories de l'économie de marché

L'économie de marché a fait l'objet de nombreuses analyses théoriques, qui se distinguent principalement par leur conception du rôle de l'État dans le fonctionnement de l'économie. Certaines approches considèrent que le marché est capable de s'autoréguler sans intervention exogène, tandis que d'autres estiment qu'une intervention publique est nécessaire pour corriger ses déséquilibres.

Ces divergences ne sont pas uniquement techniques : elles reflètent des visions différentes de la société, du rôle des institutions et de la manière dont les ressources doivent être réparties. Ainsi, l'économie de marché ne correspond pas à un modèle unique, mais à un ensemble d'interprétations théoriques parfois opposées.

1. L'approche libérale classique : La théorie libérale constitue le fondement historique de l'économie de marché. Elle repose sur le principe de la liberté économique et sur l'idée que les individus doivent pouvoir agir librement dans leurs activités économiques. Cette vision est étroitement associée aux travaux d'Adam Smith, résumés par la célèbre expression « laissez-faire, laissez-passer ».

Dans cette perspective, le marché est considéré comme un mécanisme spontané capable d'organiser l'activité économique sans intervention de l'Etat, le rôle de celui-ci doit se limiter au strict minimum, se réduisant à des fonctions essentielles telles que la sécurité, la justice et la protection des droits individuels, c'est l'État-gendarme.

Dans ce cas, le fonctionnement du marché repose sur le principe de la « main invisible », selon lequel la poursuite des intérêts individuels conduit, de manière indirecte, à l'intérêt général. Ainsi, les décisions individuelles des agents économiques - motivées par le profit ou la satisfaction personnelle - contribuent à l'équilibre global du système.

Dans ce cadre théorique, la concurrence joue un rôle central. La théorie classique distingue deux situations extrêmes : la concurrence parfaite et le monopole absolu. La concurrence parfaite correspond à une situation idéale dans laquelle aucun acteur ne peut influencer les prix. Elle repose essentiellement sur cinq hypothèses fondamentales : l'atomicité ou la multiplicité d'acteurs, la transparence ou l'information complète et accessible à tous, la liberté d'entrée et de sortie du marché, la circulation fluide des biens et des facteurs de production et l'homogénéité des produits.

À l'inverse, le monopole absolu se caractérise par la présence d'un seul producteur face à de nombreux consommateurs, ce qui lui permet de fixer les prix selon son propre intérêt.

Cependant, la réalité économique a montré que ces situations sont largement théoriques et rarement observées, ce qui a conduit les économistes à développer des approches beaucoup plus réalistes.

2. **L'approche marginaliste :** Afin de dépasser les limites de la théorie classique, certains économistes, tels que Alfred Marshall et Eugen Böhm-Bawerk, ont développé la théorie marginaliste.

Cette approche met l'accent sur le comportement individuel des agents économiques, en particulier sur la notion d'utilité. Elle considère que la valeur d'un bien dépend de l'utilité qu'il procure au consommateur, c'est-à-dire de la satisfaction qu'il en retire.

Plus précisément, la théorie marginaliste introduit le concept d'utilité marginale, qui correspond à la satisfaction apportée par la consommation d'une unité supplémentaire d'un bien. Selon cette logique, plus un bien est rare ou désiré, plus son utilité marginale est élevée, ce qui tend à augmenter sa valeur. Cela signifie que le prix d'un bien ne dépend pas seulement de son coût de production, mais aussi de l'importance que les individus lui accordent.

Dans cette perspective, l'économie de marché est vue comme un système visant à maximiser la satisfaction des individus, tout en permettant aux producteurs de réaliser des profits. Cette approche a profondément influencé la microéconomie moderne.

3. L'approche socialiste : La théorie socialiste propose une lecture critique de l'économie de marché. Elle considère que le marché, laissé à lui-même, ne garantit ni l'équité ni la satisfaction des besoins fondamentaux de la population.

Cette approche est largement inspirée des travaux de Karl Marx, qui a analysé le fonctionnement du capitalisme et mis en évidence les inégalités qu'il engendre. Dans cette perspective, les moyens de production doivent appartenir à la collectivité - généralement représentée par l'État - afin d'assurer une répartition plus équitable des richesses. Le marché n'est pas supprimé, mais il est encadré et contrôlé par les autorités publiques.

Par ailleurs, la théorie socialiste distingue entre la valeur d'échange et la valeur sociale des biens. La première est liée au travail nécessaire à la production, tandis que la seconde dépend des conditions sociales et des besoins collectifs.

Contrairement à la logique capitaliste centrée sur le profit, l'objectif principal devient la satisfaction des besoins sociaux et l'accès équitable aux ressources.

Cependant, l'expérience historique a montré les limites de ce modèle. Après plusieurs décennies d'application, notamment en Union soviétique, les systèmes socialistes centralisés ont connu des difficultés importantes, conduisant à leur transformation ou à leur abandon. Aujourd'hui, certains pays comme la Chine ou le Vietnam ont adopté des formes hybrides, combinant économie de marché et contrôle de l'Etat.

4. L'approche keynésienne : La théorie keynésienne marque une rupture importante dans l'analyse de l'économie de marché. Elle est associée aux travaux de John Maynard Keynes, qui a remis en question l'idée selon laquelle le marché peut toujours atteindre spontanément l'équilibre.

Selon Keynes, le fonctionnement du marché peut conduire à des situations de déséquilibre durable, notamment en période de crise économique. Dans ces conditions, l'absence d'intervention de l'État peut aggraver les difficultés, en particulier le chômage et la baisse de la production. Pour remédier à ces situations, Keynes propose une intervention active de l'État, notamment à travers les politiques budgétaires et monétaires, l'objectif est de soutenir la demande globale afin de relancer l'activité économique. Ces idées ont été développées dans son ouvrage « Théorie générale de l'emploi, de l'intérêt et de la monnaie », qui a été écrit dans le contexte de la Grande Dépression.

Après la Seconde Guerre mondiale, cette approche a donné naissance au modèle de l'État-providence, dans lequel l'État joue un rôle central dans la redistribution des richesses et la protection sociale. Ce modèle vise à garantir un niveau de vie minimum pour l'ensemble de la population, notamment à travers les systèmes de santé, d'éducation et de protection sociale.

Bien que ce modèle ait connu un large succès pendant plusieurs décennies, il a été remis en question à partir des années 1970, notamment en raison de difficultés économiques telles que l'inflation et le chômage simultanés.

5. L'approche néolibérale : La théorie néolibérale s'est développée dans les années 1970, en réaction aux limites du modèle keynésien. Elle prône un retour aux principes du marché libre, en mettant l'accent sur la réduction du rôle de l'État dans l'économie. Cette approche est associée notamment aux travaux de Milton Friedman, figure majeure de l'école monétariste. Friedman critique les interventions publiques excessives, qu'il considère comme inefficaces et susceptibles de perturber le fonctionnement du marché.

Dans cette perspective, l'État doit se limiter à assurer la stabilité monétaire et à garantir un cadre institutionnel favorable au fonctionnement du marché, sans intervenir directement dans l'activité économique.

Cependant, malgré sa large diffusion à l'échelle mondiale, notamment à travers les politiques économiques inspirées par les institutions financières internationales, cette approche a également fait l'objet de larges critiques.

Les crises économiques récentes, en particulier la crise financière internationale de 2008, ont mis en évidence certaines limites du modèle néolibéral, notamment en matière de régulation financière, de répartition des richesses et de stabilité économique.

Section 4 : Les fonctions économiques du marché

L'importance de l'économie de marché réside dans sa fonction centrale d'organisation de l'activité économique à travers les mécanismes de formation des prix et d'allocation des ressources. En s'appuyant sur les interactions entre l'offre et la demande, elle constitue un mode de coordination des décisions économiques sans recours à une planification centralisée.

Dans ce cadre, les questions fondamentales de toute économie - que produire, comment produire et pour qui produire - sont résolues par les signaux du marché, qui orientent les comportements des agents économiques et structurent les choix de production et de consommation.

1. Le rôle du marché dans l'activité économique : Sur le plan historique, le marché s'est imposé comme un mécanisme déterminant dans les processus de transformation et de croissance économiques. En introduisant un cadre concurrentiel entre les producteurs, il favorise l'innovation, l'amélioration de la productivité et la diversification de l'offre.

Cette dynamique concurrentielle incite les entreprises à optimiser leurs coûts de production et à améliorer la qualité des biens et services proposés. Elle contribue ainsi à une progression continue des techniques productives et à l'élargissement des capacités économiques.

Le marché apparaît dès lors comme un mécanisme de coordination efficace, contribuant à la transformation structurelle des économies et à leur insertion dans des dynamiques de développement à différentes échelles.

Or, les différentes crises économiques ont mis en évidence les limites de l'autorégulation par le marché, en révélant des déséquilibres persistants que les mécanismes de prix n'ont pas pu corriger. Cela a conduit à une relecture critique du fonctionnement du marché dans les théories économiques contemporaines et à un grand débat quant au rôle de l'État.

2. L'élargissement contemporain du concept de marché : Les transformations théoriques de l'économie contemporaine, conjuguées aux expériences empiriques des systèmes économiques, ont conduit à une redéfinition progressive du concept d'économie de marché. Celui-ci ne se limite plus à la seule logique du marché autorégulateur, telle qu'elle découle de la tradition libérale classique, mais s'inscrit désormais dans une approche élargie intégrant des mécanismes de régulation institutionnelle et d'encadrement normatif.

Dans cette perspective, l'économie de marché peut être définie comme un système de coordination des activités économiques fondé sur les mécanismes de prix et les interactions entre agents économiques, dans lequel la liberté de décision des acteurs s'exerce au sein d'un cadre institutionnel structuré par des règles juridiques, économiques et sociales visant à garantir la transparence des échanges, la stabilité macroéconomique et la correction des défaillances du marché[1].

[1] Joseph E. Stiglitz, *Information and the Change in the Paradigm in Economics*, Nobel Prize Lecture, 2001.

Cette conception s'éloigne ainsi de l'hypothèse d'un marché parfaitement autorégulateur pour reconnaître l'existence de défaillances structurelles telles que les externalités, les asymétries d'information, les pouvoirs de marché ou encore l'instabilité des cycles économiques. Ces limites justifient l'intervention régulatrice de l'État ou d'institutions collectives, conformément aux analyses développées par l'économie publique et l'économie institutionnelle[1].

Cette évolution traduit ainsi le passage d'une vision idéologiquement polarisée du marché - opposant strictement libéralisme et interventionnisme - vers une approche plus pragmatique et analytique. Dans cette perspective, la performance du système économique repose sur une articulation fonctionnelle entre mécanismes de marché et dispositifs de régulation. La liberté économique n'y est plus comprise comme une absence de règles, mais comme une liberté encadrée et institutionnellement organisée, compatible avec des objectifs de stabilité, d'efficacité et de cohésion sociale[2].

3. Les fondements analytiques de l'efficacité du marché : L'importance du marché repose également sur trois hypothèses fondamentales de la théorie économique : la rationalité des agents, la concurrence et l'efficience allocative.

La rationalité économique suppose que les agents prennent leurs décisions en fonction de la rareté des ressources et de la recherche d'une allocation optimale de leurs choix. Cette hypothèse implique une logique de maximisation sous contrainte, dans laquelle les décisions sont orientées vers l'optimisation de l'utilité individuelle.

---

[1] Arthur C. Pigou, *The Economics of Welfare*, Macmillan, 1920, Ronald H. Coase, *The Problem of Social Cost*, Journal of Law and Economics, 1960.

[2] Eucken, Walter, *Principles of Economic Policy*, translated by Michael Faber and Stephen Hodgson, Cheltenham/Northampton, Edward Elgar Publishing, 2004.

La concurrence constitue le mécanisme par lequel les comportements individuels sont coordonnés. Dans sa forme théorique idéale, elle repose sur la multiplicité des agents, la transparence de l'information et la libre entrée sur les marchés, conditions censées garantir un fonctionnement équilibré du système.

Enfin, l'efficience allocative désigne la capacité du marché à orienter les ressources vers leurs usages les plus productifs, de manière à maximiser le bien-être global. Cette efficacité est formalisée par la notion d'optimum de Pareto, selon laquelle aucune amélioration individuelle n'est possible sans détérioration d'une autre situation.

Dans la pratique, ces conditions ne sont que partiellement réunies, ce qui limite la capacité du marché à assurer une allocation parfaitement efficiente des ressources.

Section 5 : Les défaillances de l'économie de marché

L'analyse empirique des économies de marché contemporaines montre que les hypothèses théoriques sur lesquelles repose le modèle concurrentiel pur ne se réalisent que partiellement dans la pratique. En conséquence, le fonctionnement réel des marchés est marqué par un ensemble de défaillances structurelles qui limitent leur capacité à assurer une allocation optimale des ressources, une concurrence effective et une stabilité macroéconomique durable[1].

Ces défaillances ne remettent pas nécessairement en cause le principe de l'économie de marché en tant que tel, mais elles soulignent l'écart entre le modèle théorique et les conditions réelles de fonctionnement des économies modernes.

1. Les limites de la concurrence et les structures de marché imparfaites : L'une des principales limites observées concerne l'incapacité des marchés réels à satisfaire les conditions de la concurrence parfaite. En pratique, les

---

[1] Joseph E. Stiglitz, *Globalization and Its Discontents*, W.W. Norton, 2002

marchés sont souvent caractérisés par des formes de concurrence imparfaite, notamment les structures monopolistiques, oligopolistiques ou monopolistiques concurrentielles. Ces configurations se traduisent par une concentration du pouvoir de marché entre un nombre restreint d'acteurs, ce qui peut influencer la formation des prix et limiter le mécanisme concurrentiel censé garantir l'efficacité allocative[1].

Dans ce contexte, les prix ne résultent pas uniquement du libre jeu de l'offre et de la demande, mais également de stratégies de pouvoir, de barrières à l'entrée et d'asymétries structurelles entre agents économiques.

2. Les défaillances dans l'allocation des ressources : Une deuxième limite majeure concerne l'allocation des ressources. Dans le modèle théorique, le marché est censé orienter les ressources vers leurs usages les plus efficaces, de manière à maximiser le bien-être global (optimum de Pareto).

Cependant, dans la réalité, plusieurs facteurs perturbent ce mécanisme : la présence d'externalités, l'asymétrie d'information, ainsi que les comportements stratégiques des acteurs dominants du marché[2].

Ces imperfections peuvent conduire à une allocation sous-optimale des ressources, justifiant dans certains cas l'intervention de l'État, notamment pour corriger les déséquilibres distributifs, ou assurer la fourniture de biens collectifs ou essentiels, ou encore compenser les défaillances du secteur privé dans certains domaines stratégiques.

3. Les limites de l'autorégulation du marché : Une troisième limite importante réside dans l'incapacité du marché à garantir une stabilité macroéconomique durable. L'histoire économique moderne a été marquée par plusieurs crises

---

[1] Jean Tirole, *Économie du bien commun*, Presses Universitaires de France, 2016 ; Edward H. Chamberlin, *The Theory of Monopolistic Competition*, Harvard University Press, 1933.

[2] George Akerlof, *The Market for Lemons*, Quarterly Journal of Economics, 1970.

majeures, illustrant la vulnérabilité des économies de marché aux cycles d'expansion et de récession.

La Grande Dépression de 1929 constitue un exemple emblématique de défaillance systémique ayant nécessité une intervention publique massive pour restaurer les équilibres économiques. De même, la crise financière internationale de 2008 a mis en évidence la fragilité des systèmes financiers dérégulés et a conduit à des interventions coordonnées des États et des banques centrales.

Ces épisodes ont contribué à réhabiliter, sous différentes formes, l'idée d'une intervention macroéconomique publique, notamment à travers les politiques budgétaires et monétaires visant à stabiliser la demande globale et à restaurer la confiance des marchés.

Si les théories de l'économie de marché constituent le socle conceptuel permettant de comprendre les mécanismes de fonctionnement des économies contemporaines, leur mise en œuvre a donné naissance à des modèles variés, différenciés par leurs choix institutionnels, sociaux et économiques. Dès lors, pour évaluer l'apport de ces modèles, il convient d'analyser comment chacun d'eux appréhende les grandeurs fondamentales de la comptabilité nationale : la production, la consommation, l'épargne et l'investissement. C'est dans cette perspective que le chapitre suivant portera sur l'analyse comparative des différents modèles contemporains d'économie de marché à travers le monde, avant d'en étudier la déclinaison islamique.

CHAPITRE II

Les modèles contemporains de l'économie de marché

L'économie mondiale contemporaine est largement structurée autour de modèles de développement qui se réclament, à des degrés divers, du principe de l'économie de marché. Malgré les échecs historiques des systèmes d'économie dirigée, notamment dans les anciens pays socialistes, le marché demeure aujourd'hui le mécanisme central d'organisation de l'activité économique. Toutefois, il ne s'agit plus d'un modèle unique ou homogène, mais d'un ensemble de configurations institutionnelles et doctrinales qui en proposent des interprétations différentes.

Dans ce cadre, trois grands modèles dominent actuellement la scène économique internationale : le modèle d'économie de marché libérale, le modèle d'économie de marché sociale et le modèle d'économie de marché socialiste. Ces modèles partagent une référence commune au marché comme mécanisme d'allocation des ressources, mais ils s'en distinguent par le rôle qu'ils attribuent à l'État, à la régulation et aux mécanismes de redistribution. Chacun d'eux reflète ainsi une construction théorique et idéologique spécifique, façonnée par des trajectoires historiques et des compromis institutionnels différents[1].

Les approches néolibérales considèrent généralement que l'économie de marché libérale constitue la forme la plus authentique du marché, dans la mesure où elle prolonge directement les fondements posés par la pensée économique classique depuis le XVIIIe siècle. À l'inverse, les courants keynésiens et sociaux-démocrates estiment que le fonctionnement du marché nécessite un encadrement institutionnel afin de corriger ses défaillances et de limiter ses effets sociaux négatifs. Cette tension entre régulation et liberté économique structure l'ensemble des débats contemporains sur les modèles de développement.

Par ailleurs, le modèle d'économie de marché sociale s'est progressivement imposé comme une tentative de conciliation entre efficacité économique et justice sociale. Il vise à corriger les déséquilibres générés par le marché tout en préservant ses mécanismes fondamentaux, notamment par l'intervention de l'État et le développement de dispositifs de protection sociale.

Enfin, l'expérience des économies dites socialistes de marché a introduit une autre forme d'hybridation, cherchant à combiner les mécanismes de marché avec une forte intervention de l'État et une planification stratégique, comme l'illustre particulièrement le cas chinois contemporain.

L'analyse qui suit se propose d'examiner successivement ces trois modèles, en mettant en évidence leurs fondements théoriques, leurs logiques institutionnelles ainsi que leurs points de convergence et de divergence. Cette comparaison permettra, dans le chapitre suivant, d'interroger la possibilité d'un modèle alternatif reposant sur une articulation renouvelée entre marché, État et société.

Section 1 : Le modèle de l'économie de marché libérale

Le modèle d'économie de marché libérale constitue l'une des formes historiques les plus influentes d'organisation économique dans les sociétés contemporaines. Il s'inscrit dans le prolongement direct de la pensée économique classique et néoclassique, qui considère que la liberté économique, la propriété privée et la concurrence sont les mécanismes fondamentaux permettant d'assurer une allocation efficiente des ressources rares. Dans cette perspective, le marché n'est pas seulement un espace d'échange, mais un dispositif global de coordination des décisions économiques individuelles à l'échelle de la société.

1. La suprématie du marché dans l'allocation des ressources : Le premier principe du modèle libéral repose sur la centralité quasi exclusive du marché dans la régulation de l'activité économique. Selon cette approche, les mécanismes de prix issus de la confrontation entre l'offre et la demande sont supposés contenir en eux-mêmes les conditions de l'équilibre économique. Le marché est ainsi conçu comme un système autorégulateur capable d'ajuster spontanément les déséquilibres sans intervention externe.

Dans ce cadre, l'élargissement du champ concurrentiel et la liberté de décision des agents économiques constituent des conditions essentielles du bon fonctionnement du système. Le rôle du marché dépasse alors la simple coordination des échanges pour devenir un principe général d'organisation sociale, dans lequel les décisions de production, d'investissement et de consommation sont guidées par les signaux des prix. Cette logique tend à réduire au minimum les interventions correctrices, considérées comme susceptibles de perturber l'efficacité globale du système économique[1].

2. Le recul du rôle de l'Etat au profit du secteur privé : Le deuxième principe concerne la transformation du rôle économique de l'État, qui se traduit par un processus de désengagement progressif des activités productives et concurrentielles. Dans le cadre du modèle libéral, l'État est chargé de créer les conditions favorables au fonctionnement du marché.

Cette orientation s'est traduite, dans de nombreux pays, par des politiques de privatisation et de libéralisation des secteurs de l'énergie, des transports, des télécommunications et du système bancaire. L'objectif poursuivi est de transférer les activités économiques vers le secteur privé afin de stimuler la concurrence, d'améliorer l'efficacité productive et de réduire les charges budgétaires de l'État.

[1] Friedrich Hayek, *The Road to Serfdom*, University of Chicago Press, 1944.

Toutefois, ce mouvement de retrait de l'État ne signifie pas son effacement total, mais plutôt sa redéfinition comme garant des règles du jeu économique, dans un cadre où la régulation est principalement juridique et institutionnelle plutôt que productive.

3. La transformation du rôle social de l'État : Le troisième principe du modèle libéral concerne la dimension sociale de l'intervention publique. Dans cette logique, les politiques sociales sont souvent considérées comme des coûts économiques susceptibles de réduire la compétitivité et la flexibilité du système productif. Cela conduit, dans de nombreux cas, à une réorientation des politiques publiques vers une logique de ciblage, de rationalisation et de limitation des dépenses sociales.

Les programmes d'ajustement structurel ont ainsi encouragé la réduction des subventions généralisées, la réforme des systèmes de retraite et de santé, ainsi que l'ouverture progressive des services sociaux à la logique marchande. Cette évolution a souvent entraîné une implication croissante du secteur privé dans la fourniture de services essentiels, avec des effets contrastés sur l'accès des populations à faibles revenus.

Dans ce contexte, la question de l'équilibre entre efficacité économique et justice sociale devient centrale, dans la mesure où la logique de marché peut accentuer les disparités sociales si elle n'est pas accompagnée de mécanismes correcteurs appropriés[1].

4. Le cadre institutionnel du Consensus de Washington : Le quatrième principe ne remet pas en cause l'existence de l'État, mais redéfinit profondément sa fonction. Dans le modèle libéral, l'État devient avant tout une institution de garantie du cadre juridique et institutionnel du marché. Il assure la protection des droits de propriété, la

[1] Joseph E. Stiglitz, *Globalization and Its Discontents*, W.W. Norton, 2002.

stabilité contractuelle, la sécurité juridique et la prévisibilité des règles économiques.

Cette conception s'est particulièrement matérialisée dans les politiques économiques regroupées sous l'appellation de « Consensus de Washington », qui a structuré les réformes mises en œuvre dans de nombreux pays en développement à partir des années 1980. Ce consensus repose sur un ensemble de recommandations visant à stabiliser les finances publiques, libéraliser les marchés, privatiser les entreprises publiques, déréglementer l'économie et ouvrir les économies nationales aux flux commerciaux et financiers internationaux[1].

Ces politiques ont été fortement promues par les institutions financières internationales, notamment le Fonds Monétaire International et la Banque mondiale, dans le cadre des programmes d'ajustement structurel. Elles ont contribué à remodeler en profondeur les structures économiques de nombreux pays, tout en suscitant des débats importants sur leurs effets sociaux et institutionnels.

Section 2 : Le modèle d'économie de marché sociale

Le modèle d'économie de marché sociale constitue une tentative de synthèse entre les mécanismes de marché et les exigences de justice sociale. Il s'inscrit historiquement dans le prolongement des réflexions critiques apparues à la suite de la crise économique mondiale des années 1930, laquelle a mis en évidence les limites d'un marché laissé à lui-même dans la régulation des équilibres macroéconomiques et sociaux. Ce modèle cherche ainsi à concilier efficacité économique, stabilité institutionnelle et cohésion sociale, en intégrant l'intervention de l'État comme élément structurant du système économique.

---

[1] Dani Rodrik, *One Economics, Many Recipes*, Princeton University Press, 2007.

1. L'ordre concurrentiel dans une économie de marché régulée : Le premier principe du modèle d'économie de marché sociale repose sur l'idée d'un marché libre, mais encadré par un ordre institutionnel fort. Contrairement au libéralisme classique, il ne s'agit pas de laisser le marché fonctionner de manière totalement autonome, mais de construire un cadre juridique et institutionnel garantissant une concurrence effective et loyale.

Dans cette perspective, l'État joue un rôle central dans la prévention des monopoles, la lutte contre les ententes et la régulation des défaillances du marché. L'objectif n'est pas de remplacer le marché, mais d'en assurer le bon fonctionnement à travers des règles stables et prévisibles. Cette conception, associée à l'ordo-libéralisme allemand, considère que la liberté économique n'est possible que dans un cadre institutionnel rigoureusement défini[1].

2. L'État social et la préservation des équilibres sociaux : Le deuxième principe concerne l'intégration explicite de la dimension sociale dans l'économie de marché. Le modèle de marché social reconnaît que les mécanismes concurrentiels peuvent produire des inégalités importantes, susceptibles de fragiliser la cohésion sociale et la stabilité économique.

L'État est ainsi appelé à mettre en place des mécanismes de protection sociale, notamment à travers les systèmes d'assurance maladie, de retraite, de chômage et de redistribution des revenus. Ces politiques ne sont pas conçues comme des éléments extérieurs au marché, mais comme des conditions de sa durabilité. La protection sociale est ainsi interprétée comme un facteur de stabilisation économique et de soutien à la demande globale[2].

---

[1] Eucken, Walter, *Principles of Economic Policy*, translated by Michael Faber and Stephen Holloway, Cheltenham, Edward Elgar Publishing, 2004.

[2] Erhard, Ludwig, *Prosperity for All* (*Wohlstand für Alle*), Londres/New York, traductions et rééditions diverses, années 1960.

3. La stabilité macroéconomique et les institutions monétaires : Le troisième principe repose sur l'importance accordée à la stabilité économique, en particulier la stabilité des prix et du système financier. Dans le modèle d'économie de marché sociale, l'inflation est considérée comme un risque majeur susceptible de déstabiliser l'ensemble du système économique.

Pour cette raison, une attention particulière est accordée à l'indépendance des institutions monétaires, notamment des banques centrales, chargées de garantir la stabilité monétaire et de limiter les déséquilibres financiers. Cette orientation vise à créer un environnement économique prévisible, favorable à l'investissement à long terme et à la croissance durable[1].

4. L'ouverture économique et l'intégration internationale encadrée : Le quatrième principe concerne l'ouverture économique et l'intégration dans l'économie mondiale. Le modèle de marché social ne rejette pas le commerce international, mais insiste sur la nécessité de l'encadrer afin de préserver les équilibres internes et les intérêts stratégiques nationaux.

L'ouverture des marchés est ainsi conçue comme un processus maîtrisé, accompagné de mécanismes de protection temporaire ou sectorielle lorsque cela est jugé nécessaire. Cette approche vise à concilier les avantages du libre-échange avec la préservation de la compétitivité nationale et de la cohésion sociale.

5. Le dialogue social et la gouvernance concertée : Le cinquième principe repose sur la participation des différents acteurs sociaux à la régulation économique. Le modèle d'économie de marché sociale accorde une importance particulière au dialogue entre l'État, les employeurs et les représentants des travailleurs.

---

[1] Otmar Issing, *The Role of Central Banks*, Cambridge University Press, 2003.

Cette logique de concertation institutionnalisée vise à réduire les conflits sociaux et à favoriser des compromis durables entre les différentes parties prenantes. Elle se traduit notamment par le développement de la négociation collective, des conventions salariales et des mécanismes de codétermination dans certaines entreprises, notamment en Allemagne.

6. Le principe de subsidiarité et la décentralisation économique : Le sixième principe repose sur le principe de subsidiarité, selon lequel les décisions doivent être prises au niveau le plus proche des citoyens lorsque cela est possible. L'intervention de l'État central n'est justifiée que lorsque les niveaux inférieurs de gouvernance ne peuvent pas assurer efficacement certaines fonctions économiques ou sociales.

Cette approche favorise une organisation décentralisée de l'économie, permettant une meilleure adaptation des politiques publiques aux réalités locales, tout en renforçant la légitimité des décisions économiques.

7. L'État de droit et la protection des droits fondamentaux : Le septième principe souligne l'importance de l'État de droit comme fondement de l'économie de marché sociale. La sécurité juridique, la protection des droits fondamentaux et l'indépendance du système judiciaire sont considérées comme des conditions essentielles du bon fonctionnement du marché.

Dans ce cadre, les droits économiques, sociaux et politiques des individus sont reconnus comme des limites à l'action de l'État et à la logique purement marchande. L'objectif est de garantir un équilibre entre liberté économique et protection des droits humains fondamentaux.

8. Le développement durable et la responsabilité intergénérationnelle : Le huitième principe introduit une dimension de long terme dans la régulation économique. Le modèle de marché social intègre progressivement les enjeux liés à la protection de l'environnement, à la gestion durable des ressources naturelles et à la transmission du capital humain.

Cette orientation traduit une volonté de dépasser une logique strictement courtermiste du profit, afin de prendre en compte les intérêts des générations futures dans les choix économiques présents.

Section 3 : Le modèle de l'économie de marché socialiste

Le modèle d'économie de marché socialiste constitue une tentative d'hybridation entre les mécanismes du marché et les principes fondamentaux du socialisme. Il s'inscrit dans une dynamique de révision des expériences socialistes centralisées, dont les limites en matière d'efficacité économique et d'innovation ont été largement mises en évidence au cours du XXe siècle. Ce modèle vise à tirer parti des avantages du marché en matière d'allocation des ressources, tout en maintenant un cadre de propriété collective et une orientation politique centrée sur la justice sociale et la satisfaction des besoins collectifs.

1. Une conception entre marché et planification : Le premier principe fondamental de l'économie de marché socialiste réside dans la combinaison du mécanisme de marché avec une forme de planification économique. Contrairement au modèle socialiste centralisé classique, où les décisions sont entièrement déterminées par l'État, ce modèle reconnaît le rôle informationnel et allocatif des prix issus de l'offre et de la demande. Les marchés sont ainsi utilisés comme instruments de coordination des activités économiques, notamment pour les biens de consommation et les secteurs concurrentiels.

Toutefois, cette utilisation du marché ne signifie pas un abandon de l'orientation globale de l'économie. L'État conserve un rôle central à travers une planification dite « indicative », consistant à définir des objectifs macroéconomiques, des priorités sectorielles et des orientations stratégiques de long terme. Cette planification n'impose pas directement les décisions aux agents économiques, mais elle encadre et influence leurs comportements à travers des politiques publiques, des incitations économiques et des instruments réglementaires. Il en résulte une articulation entre coordination décentralisée par le marché et pilotage global par l'État.

La planification devient ainsi indicative plutôt qu'impérative, fournissant un cadre général dans lequel les agents économiques disposent d'une certaine marge de décision[1].

2. La diversité des formes de propriété et la propriété sociale : Le deuxième principe concerne le régime de propriété, qui constitue une différence fondamentale par rapport au modèle d'économie de marché libérale. Dans ce cadre, la propriété sociale - qu'elle soit étatique, collective ou coopérative - occupe une position dominante, en particulier dans les secteurs stratégiques tels que l'énergie, les infrastructures, les ressources naturelles ou les industries lourdes. Le contrôle public de ces secteurs vise à préserver la souveraineté économique et à orienter le développement selon des objectifs collectifs.

Parallèlement, ce modèle reconnaît la nécessité d'une certaine diversité des formes de propriété. La propriété privée est ainsi admise dans les secteurs non stratégiques, notamment ceux liés à la production de biens de consommation, aux services marchands et aux activités des petites et moyennes entreprises. Ces domaines, caractérisés par une forte interaction avec la demande des consommateurs, bénéficient de la flexibilité et de la capacité d'innovation du secteur privé. La coexistence entre propriété sociale dominante et propriété privée encadrée permet ainsi

---

[1] Oskar Lange, *On the Economic Theory of Socialism*, Review of Economic Studies, 1936-1937.

de combiner les exigences d'efficacité économique avec les objectifs de justice sociale.

3. Le rôle stratégique de l'État dans la planification économique : Le troisième principe réside dans le rôle structurant et déterminant de l'État, qui ne se limite pas à une fonction de régulation corrective, mais intervient activement dans l'orientation du développement économique. Dans le cadre de l'économie de marché socialiste, l'État agit comme un acteur stratégique chargé de définir les priorités nationales, de coordonner les dynamiques sectorielles et d'assurer la cohérence globale du système économique. Cette fonction dépasse la simple correction des défaillances du marché pour s'inscrire dans une logique de pilotage du développement à long terme[1].

L'État oriente ainsi les investissements vers les secteurs jugés prioritaires - tels que les infrastructures, l'innovation technologique, l'énergie ou encore l'industrialisation - tout en assurant le contrôle direct ou indirect des activités considérées comme stratégiques pour la souveraineté économique. Cette orientation repose sur une vision globale du développement visant à éviter les déséquilibres structurels, les dépendances externes excessives et les inégalités territoriales ou sectorielles[2].

Ce rôle s'exerce à travers un ensemble d'instruments complémentaires. La planification indicative permet de fixer des objectifs macroéconomiques et des orientations sectorielles sans imposer une contrainte directe aux agents économiques. La politique industrielle vise à soutenir les secteurs porteurs, à favoriser la montée en gamme de l'économie et à renforcer la compétitivité nationale. La régulation financière, quant à elle, permet d'orienter le crédit vers les activités productives et de limiter les dérives

---

1 János Kornai, *The Socialist System: The Political Economy of Communism*, Princeton University Press, 1992.

2 Alec Nove, *The Economics of Feasible Socialism*, George Allen & Unwin, 1983.

spéculatives. Enfin, la gestion des entreprises publiques constitue un levier essentiel pour intervenir directement dans les secteurs clés et garantir la fourniture de biens et services essentiels[1].

Par ailleurs, l'État joue un rôle fondamental dans la conciliation entre efficacité économique et objectifs sociaux. Il intervient pour corriger les inégalités de revenus et d'accès aux opportunités, assurer la redistribution des richesses et garantir un niveau minimal de protection sociale. Cette dimension sociale de l'action publique vise à subordonner la logique marchande aux impératifs de cohésion sociale et de justice distributive[2].

Ainsi, dans le modèle d'économie de marché socialiste, l'État apparaît comme un acteur central de coordination et d'orientation, dont la légitimité repose sur sa capacité à articuler les mécanismes du marché avec les objectifs collectifs. Il ne se substitue pas totalement au marché, mais en encadre le fonctionnement afin d'en corriger les limites et d'en orienter les résultats vers un développement économique équilibré et inclusif[3].

4. Les mécanismes institutionnels de gouvernance économique : Le quatrième principe concerne l'organisation institutionnelle du système économique, qui constitue un élément essentiel de différenciation du modèle d'économie de marché socialiste. Dans ce cadre, les entreprises publiques occupent une place centrale, non seulement en raison de leur poids économique, mais aussi en tant qu'instruments d'intervention stratégique de l'État. Toutefois, contrairement aux modèles administrés classiques, ces entreprises sont généralement appelées à fonctionner selon des critères de

---

[1] Barry Naughton, *The Chinese Economy: Transitions and Growth*, MIT Press, 2007, Justin Yifu Lin, *The China Miracle*, Chinese University Press, 2012.

[2] Dani Rodrik, *One Economics, Many Recipes*, Princeton University Press, 2007.

[3] Oskar Lange, *On the Economic Theory of Socialism*, Review of Economic Studies, 1936–1937.

rentabilité, de performance et d'efficacité économique, afin d'assurer leur viabilité et leur contribution effective à la croissance[1].

Cette logique traduit une évolution importante dans la conception de l'entreprise publique, désormais perçue non plus comme un simple outil d'exécution des décisions administratives, mais comme une entité économique autonome, soumise à des exigences de gestion moderne, tout en restant porteuse d'objectifs sociaux et collectifs. Elle doit ainsi concilier impératifs de compétitivité, missions de service public et contribution au développement national.

Par ailleurs, la gouvernance économique dans ce modèle tend à intégrer des mécanismes de participation élargie, visant à démocratiser la prise de décision économique. Cela peut se traduire par l'implication des travailleurs dans la gestion des entreprises, la représentation des parties prenantes dans les organes de décision, ou encore par l'existence de formes de contrôle public destinées à garantir la transparence et la responsabilité des acteurs économiques[2]. Ces dispositifs traduisent une volonté de dépasser la séparation traditionnelle entre capital et travail, en favorisant une forme de démocratie économique.

En outre, le système financier joue un rôle déterminant dans l'orientation de l'activité économique. Il est souvent dominé par des institutions publiques ou étroitement encadrées par l'État, dont la mission principale consiste à canaliser l'épargne vers les investissements jugés prioritaires. Cette orientation du crédit permet de soutenir les secteurs stratégiques, de limiter les activités spéculatives et de

[1] Barry Naughton, *The Chinese Economy : Transitions and Growth*, MIT Press, 2007.

[2] Oskar Lange, *On the Economic Theory of Socialism*, Review of Economic Studies, 1936–1937.

renforcer la cohérence entre les objectifs financiers et les objectifs de développement[1].

Ainsi, l'organisation institutionnelle et les mécanismes de gouvernance dans l'économie de marché socialiste visent à encadrer le fonctionnement du marché par des structures capables d'en orienter les résultats. Elles traduisent une volonté d'articuler efficacité économique, responsabilité sociale et contrôle collectif, dans une perspective de développement équilibré et durable.

Les expériences historiques constituent la première tentative de mise en œuvre concrète du modèle d'économie de marché socialiste et permettent d'en mesurer les fondements pratiques. Parmi les plus significatives figure l'expérience yougoslave d'autogestion, instaurée à partir des années 1950. Ce système reposait sur la participation directe des travailleurs à la gestion des entreprises, à travers des conseils ouvriers chargés de décider des choix de production, des investissements et de la répartition des revenus. L'objectif était de dépasser la centralisation bureaucratique en introduisant une forme de démocratie économique fondée sur la responsabilité collective.

Dans la même logique, plusieurs pays d'Europe de l'Est ont entrepris, durant les années 1960 et 1970, des réformes visant à introduire des mécanismes de marché dans des économies largement planifiées. Ces réformes cherchaient à accroître l'autonomie des entreprises et à utiliser les prix comme instruments de régulation économique, afin de corriger les rigidités du système centralisé. Toutefois, ces expériences sont restées limitées, en raison des tensions structurelles entre planification et marché ainsi que des contraintes politiques qui ont freiné leur approfondissement.

---

[1] János Kornai, *The Socialist System: The Political Economy of Communism*, Princeton University Press, 1992.

Dans le contexte contemporain, l'expérience chinoise constitue la manifestation la plus aboutie et la plus durable du modèle d'économie de marché socialiste. Depuis la fin des années 1970, la Chine a engagé une transformation progressive de son système économique, fondée sur une ouverture graduelle aux mécanismes du marché, le développement du secteur privé et l'intégration dans l'économie mondiale[1].

Cette évolution s'est accompagnée du maintien d'un rôle central de l'État dans la définition des orientations stratégiques, la maîtrise des secteurs clés et l'encadrement institutionnel de l'économie. Le système ainsi mis en place repose sur une hybridation entre planification et marché, combinant propriété publique dominante dans les secteurs stratégiques et dynamisme entrepreneurial dans les secteurs concurrentiels. L'expérimentation locale et la décentralisation administrative ont également joué un rôle important dans l'adaptation progressive des réformes et dans la performance économique observée.

Au-delà de ces expériences contemporaines, le modèle d'économie de marché socialiste a fait l'objet de critiques importantes issues de plusieurs courants de pensée. Les économistes libéraux soulignent les risques d'inefficience liés à la prédominance de la propriété publique et à l'intervention persistante de l'État dans l'allocation des ressources. Les marxistes orthodoxes, quant à eux, estiment que ce modèle ne constitue pas une véritable rupture avec le capitalisme, dans la mesure où il maintient le salariat et les mécanismes de marché.

D'autres analyses mettent en avant les difficultés de coordination entre planification et marché, ainsi que les risques de dérive technocratique et de concentration du pouvoir économique et politique. Enfin, l'intégration dans

[1] Le tournant décisif intervient en 1978, lors du troisième plénum du XIe comité central du parti communiste chinois, sous l'impulsion de Deng Xiaoping. C'est à partir de cette date que la Chine engage officiellement la politique de « réforme et d'ouverture » appelée *gaige kaifang*.

l'économie mondiale accentue les tensions internes du modèle et soulève des interrogations sur sa soutenabilité à long terme, notamment dans un contexte de mondialisation accrue (Rodrik, 2007).

L'ensemble de ces expériences relatives aux différents systèmes économiques confirme que le marché n'est l'apanage d'aucun système économique en particulier, malgré l'importance centrale qu'il revêt dans le système de l'économie de marché libérale, marqué par la marchandisation des biens et des services, mais également du travail, des travailleurs et même de la nature elle-même.

Entre la sacralisation du marché par la théorie libérale et sa marginalisation par la théorie socialiste, le marché apparaît comme un dénominateur commun à l'ensemble des systèmes économiques, sans être le monopole d'une doctrine idéologique particulière. Toutefois, l'usage de cet espace dans l'organisation du système économique varie d'une théorie à une autre, dans la mesure où il demeure étroitement lié au système de valeurs et aux fondements intellectuels sur lesquels reposent les différentes théories économiques.

CHAPITRE III

Fondements et spécificités de l'économie de marché islamique

Les développements récents de l'économie mondiale ont mis en évidence les limites structurelles des modèles dominants de l'économie de marché, qu'ils soient de nature libérale, sociale ou socialiste. Malgré leurs différences institutionnelles et idéologiques, ces modèles partagent un socle commun fondé sur une rationalité économique essentiellement utilitariste, qui tend à privilégier l'efficacité productive au détriment des exigences d'équité, de stabilité et de soutenabilité sociale. Les crises économiques récurrentes, l'aggravation des inégalités et les déséquilibres structurels qui en résultent ont ainsi ravivé la réflexion autour de la nécessité d'explorer des paradigmes alternatifs.

Dans ce contexte, l'économie de marché islamique apparaît comme une approche distincte, reposant sur un référentiel normatif spécifique qui articule étroitement les mécanismes du marché avec des principes éthiques, sociaux et institutionnels. Loin de constituer une simple variante des modèles existants, elle propose une reconfiguration du fonctionnement du marché à partir d'une conception renouvelée de l'homme, de la propriété et de la finalité de l'activité économique.

Ce chapitre se propose d'analyser les fondements, les principes et les mécanismes de ce modèle alternatif, en mettant en évidence sa cohérence interne, ses spécificités et sa portée dans le débat contemporain sur les formes d'organisation économique.

Section 1 : Les fondements conceptuels et normatifs

Avant d'analyser les mécanismes de fonctionnement de l'économie de marché islamique, il convient d'en exposer les fondements conceptuels et normatifs, qui en constituent le socle théorique. En effet, la spécificité de ce modèle ne réside pas uniquement dans ses instruments ou ses institutions, mais dans la vision globale qu'il propose de l'activité économique, de ses finalités et des comportements qui la structurent. Cette section met ainsi en évidence les principes essentiels qui définissent l'économie de marché islamique en tant que modèle distinct, articulant rationalité économique, exigences éthiques et responsabilité sociale.

1. Une conception renouvelée de l'agent économique : L'économie de marché islamique repose sur une représentation spécifique de l'homme en tant qu'acteur économique, qui se distingue nettement de celle véhiculée par les modèles conventionnels. Alors que l'analyse économique classique s'appuie sur la figure de l' « *homo economicus* », caractérisé par une rationalité strictement instrumentale orientée vers la maximisation de l'intérêt individuel, certains économistes ont introduit la notion d' « *homo ethicus* » afin de mettre en évidence le rôle des considérations morales et éthiques dans les comportements économiques. Dans cette perspective, l'approche islamique propose une vision plus inclusive de l'individu, souvent désignée sous le terme d' « *homo islamicus* », dans laquelle l'activité économique ne se limite pas à la recherche de l'intérêt matériel, mais s'inscrit également dans un cadre de valeurs spirituelles, sociales et éthiques.

Le modèle d'économie de marché islamique ne saurait être appréhendé sans une analyse rigoureuse de son contexte de formalisation théorique, en parallèle avec l'évolution de la pensée libérale standard. Si la pensée libérale trouve ses hérauts historiques dans l'Europe des Lumières avec Adam Smith (théorie des sentiments moraux et de la main invisible) puis David Ricardo, l'économie islamique moderne s'est formalisée au milieu du XXe siècle. Ce cadre s'est structuré en réaction directe à la double impasse perçue du capitalisme colonial et du socialisme matérialiste. Les fondateurs de cette discipline contemporaine, tels que Sayyid Abul A'la Maududi en Asie du Sud ou Baqir al-Sadr (auteur de l'ouvrage de référence *Iqtisaduna* - Notre Économie - en 1961), ont cherché à extraire des sources scripturaires (Coran et Sunna) un système autonome. L'objectif étant de lier la rationalité de l'agent à l'éthique de la *Khilafah* (responsabilité de l'homme sur Terre). Ce contexte de décolonisation et de quête d'identité civilisationnelle explique la forte imbrication initiale entre droit normatif (*Fiqh-Almuamalat*) et objectifs macroéconomiques, théorisée plus tard par des auteurs comme Monzer Kahf ou Umer Chapra.

Dans cette perspective, l'individu demeure un agent rationnel, mais sa rationalité ne se limite pas à des considérations matérielles. Elle est encadrée par un système de valeurs qui intègre des dimensions éthiques, sociales et morales. Le comportement économique est ainsi influencé non seulement par la recherche du gain, mais également par des impératifs de justice, de responsabilité et de solidarité.

Cette conception élargie de la rationalité permet de dépasser la vision utilitariste étroite et d'inscrire l'action économique dans une logique plus globale de bien-être individuel et collectif.

2. La finalité éthique et sociale de l'activité économique : Dans le cadre de l'économie de marché islamique, l'activité économique ne constitue pas une fin en soi, mais un moyen au service d'objectifs supérieurs. Elle s'inscrit dans une finalité globale visant la réalisation de la justice sociale, la réduction des inégalités et la préservation de l'équilibre au sein de la société.

Contrairement aux approches qui privilégient exclusivement l'efficacité productive et la croissance, ce modèle établit une hiérarchie claire entre les objectifs économiques et les finalités sociales. La recherche du profit est reconnue comme légitime, mais elle est conditionnée par le respect de principes éthiques et par la prise en compte des conséquences sociales de l'activité économique. L'économie est ainsi conçue comme un instrument au service du développement humain, et non comme un système autonome régi uniquement par ses propres logiques internes.

3. Une conception équilibrée du régime de propriété : Le régime de propriété constitue un autre élément fondamental de différenciation. L'économie de marché islamique reconnaît pleinement le droit à la propriété privée, qu'elle considère comme un moteur essentiel de l'initiative individuelle et du dynamisme économique. Toutefois, ce droit n'est ni absolu ni illimité.

La propriété est envisagée comme une responsabilité sociale autant que comme un droit individuel. Le détenteur de richesse est perçu comme un gestionnaire de ressources dont l'usage doit être conforme à certaines exigences, notamment la contribution au bien-être collectif et le respect des équilibres sociaux. Cette conception permet d'éviter les excès associés à l'accumulation illimitée et favorise l'instauration de mécanismes de redistribution visant à atténuer les inégalités.

Ainsi, l'économie de marché islamique se situe dans une position intermédiaire entre la sacralisation de la propriété privée caractéristique du modèle libéral et sa remise en cause dans les systèmes socialistes, en proposant une approche équilibrée conciliant efficacité économique et justice sociale.

Par conséquent, la règle fondamentale du système d'économie de marché islamique en matière de propriété repose sur la dualité de la propriété, tandis que l'adoption exclusive de la propriété privée ou de la propriété collective constitue l'exception, comme c'est le cas dans les autres modèles économiques.

4. L'articulation entre liberté économique et responsabilité sociétale : L'un des fondements essentiels de l'économie de marché islamique réside dans l'articulation entre la liberté économique et la responsabilité sociétale. La liberté d'entreprendre, d'échanger et d'investir est reconnue comme une condition indispensable au fonctionnement du marché et à la création de richesse. Toutefois, cette liberté ne peut s'exercer en dehors d'un cadre normatif garantissant l'équité et la transparence des relations économiques.

L'encadrement de cette liberté vise à prévenir les dérives liées à la recherche exclusive du profit, telles que l'exploitation, la spéculation excessive ou les pratiques monopolistiques. L'objectif n'est pas tant de limiter l'initiative individuelle que de la canaliser vers des finalités conformes à l'intérêt général. Une telle approche reflète la volonté d'inscrire le fonctionnement du marché dans un cadre éthique, sans pour autant compromettre son efficacité économique.

Dans son ensemble, cette architecture conceptuelle confère à l'économie de marché islamique une cohérence particulière, fondée sur l'intégration de la rationalité économique dans un cadre normatif plus large. Elle constitue ainsi le socle à partir duquel se déploient les principes de fonctionnement et les mécanismes institutionnels du modèle, qui feront l'objet des sections suivantes.

Section 2 : Les principes de fonctionnement du marché islamique

Après avoir présenté les fondements conceptuels et normatifs de l'économie de marché islamique, il convient d'examiner les principes qui régissent concrètement le fonctionnement du marché dans ce cadre. Ces principes traduisent, au niveau opérationnel, les valeurs et finalités précédemment exposées, en définissant les règles encadrant les échanges, les comportements des agents économiques et les conditions de formation des prix. L'économie de marché islamique ne remet pas en cause le rôle du marché en tant que mécanisme d'allocation des ressources, mais elle en redéfinit les modalités de fonctionnement afin d'en corriger les dérives et d'en assurer la conformité avec les exigences éthiques et sociales.

1. **La liberté encadrée des échanges économiques :** Le premier principe fondamental repose sur la reconnaissance de la liberté des échanges comme condition essentielle du dynamisme économique. Les agents économiques disposent de la liberté d'acheter, de vendre, d'investir et de produire selon leurs préférences et leurs intérêts. Cette liberté constitue un moteur de l'activité économique et favorise l'innovation, l'initiative individuelle et la création de richesse.

Toutefois, contrairement à la conception libérale classique, cette liberté n'est pas absolue. Elle s'exerce dans un cadre normatif précis destiné à garantir l'équité des transactions et à prévenir les abus. Les échanges doivent être fondés sur le consentement mutuel, la transparence et l'absence de contrainte. Toute pratique susceptible de porter atteinte à ces principes est proscrite. Ainsi, la liberté économique est conçue comme une liberté régulée, orientée vers la réalisation d'un équilibre entre intérêts individuels et intérêt collectif.

2. **L'interdiction des pratiques économiques prohibées :** Le fonctionnement du marché dans l'économie islamique repose également sur l'interdiction explicite de certaines pratiques jugées contraires à l'éthique économique. Parmi les plus importantes figurent l'interdiction du *Riba* (intérêt usuraire), du *Gharar* (incertitude excessive) et des formes de spéculation jugées déstabilisatrices.

L'interdiction du *Riba* vise à empêcher l'enrichissement sans contrepartie productive et à promouvoir des formes de financement fondées sur le partage des risques et des profits. De même, l'interdiction du *Gharar* cherche à garantir la transparence des transactions en évitant les situations d'asymétrie d'information ou d'incertitude excessive pouvant léser l'une des parties. Enfin, la limitation de la spéculation excessive vise à prévenir les comportements opportunistes susceptibles de provoquer des déséquilibres économiques. En outre, un ensemble de ventes et de transactions est prohibé afin de prévenir les injustices sur les marchés, notamment la vente de ce que l'on ne possède pas, la vente de dette contre dette, la vente dite *Îna* (vente fictive), la vente avec enchère trompeuse (*Najash*), ainsi que toute forme d'enrichissement illicite aux dépens des biens d'autrui.

Ces interdictions ne constituent pas de simples contraintes, mais participent à la construction d'un cadre de confiance nécessaire au bon fonctionnement du marché.

3. La promotion d'une concurrence loyale et éthique : Contrairement à une vision purement mécanique de la concurrence, l'économie de marché islamique promeut une concurrence encadrée par des règles éthiques. La concurrence est considérée comme un mécanisme nécessaire pour stimuler l'efficacité économique, améliorer la qualité des biens et services et favoriser l'innovation.

Cependant, elle ne doit pas se transformer en un instrument de domination ou d'exclusion. Les pratiques anticoncurrentielles, telles que les ententes, les manipulations de marché ou les situations de monopole abusif, sont rejetées. L'objectif est de garantir des conditions de concurrence loyales permettant à l'ensemble des acteurs économiques de participer équitablement au marché.

Cette conception de la concurrence vise ainsi à concilier efficacité économique et justice, en évitant les dérives observées dans les systèmes où la concurrence est laissée sans encadrement.

4. La formation des prix fondée sur la justice et la transparence : Dans l'économie de marché islamique, les prix jouent un rôle central dans l'allocation des ressources, comme dans toute économie de marché. Ils résultent, en principe, de l'interaction entre l'offre et la demande.

Toutefois, cette formation des prix doit respecter des conditions de justice et de transparence.

Toute manipulation visant à influencer artificiellement les prix, comme la rétention de marchandises (*Ihtikar :* stockage spéculatif) ou la diffusion d'informations trompeuses, est prohibée. Le marché doit refléter les conditions réelles de l'échange afin que les prix traduisent fidèlement la rareté relative des biens et les préférences des agents économiques.

Dans ce cadre, l'intervention publique peut être justifiée en cas de dysfonctionnement manifeste, afin de rétablir l'équité et d'éviter les abus. Il ne s'agit pas de substituer l'État au marché, mais de garantir que celui-ci fonctionne dans des conditions conformes aux principes éthiques.

5. La moralisation des comportements économiques : Le fonctionnement du marché dans l'économie islamique repose sur une exigence de moralisation des comportements économiques. Au-delà des règles formelles, ce modèle accorde une importance particulière à l'intégrité, à l'honnêteté et à la responsabilité des agents.

Les transactions économiques ne sont pas considérées comme des actes neutres, mais comme des interactions sociales impliquant des obligations morales. Le respect des engagements contractuels, la sincérité dans les échanges et la prise en compte des conséquences sociales des décisions économiques sont autant d'éléments essentiels au bon fonctionnement du système.

Cette dimension éthique contribue à renforcer la confiance entre les acteurs économiques, condition indispensable à la fluidité des échanges et à la stabilité du marché.

Dans leur ensemble, ces principes traduisent une volonté d'encadrer le fonctionnement du marché sans en altérer les mécanismes fondamentaux. Ils permettent de concilier liberté économique, efficacité allocative et exigences de justice, conférant ainsi à l'économie de marché islamique une spécificité qui la distingue des autres modèles contemporains.

Table 1 : Les règles de l'économie de marché islamique

Catégorie	Règle	Principe clé	Source/Fondement
Piliers	Interdiction du *Riba*	Aucun gain sans risque ni effort réel	Coran, Sounna, Ijma
	Obligation de la *Zakat*	Redistribution obligatoire de la richesse (2,5 %)	Coran (9 ; 60)
Propriété et liberté	Propriété privée licite	Droit d'usage et de disposition encadré socialement	Charia
	Liberté économique	Liberté d'entreprendre dans les limites de la charia	*Maqâsid al-Charia*
Rôle de l'État	Régulation et justice	Stabilité macroéconomique et justice sociale	Fiqh des priorités
Comportement du consommateur	Rationalisation	Modération, interdiction du gaspillage et de l'excès	Coran (17 ; 26 - 27)
Comportement de l'investisseur	Circulation des capitaux	Interdiction de la thésaurisation	Coran (9 ; 34 - 35)
Distribution de la richesse	Rotation de la richesse	Éviter la concentration de la richesse	Coran (59 ; 7)

Table 1 (suite) : Les règles de l'économie de marché islamique

Catégorie	Règle	Principe clé	Source/Fondement
Responsabilité	Responsabilité sociétale	La *Zakat* renforce la responsabilité collective	*Fiqh* de la propriété
Règles du financement	Risque et gain associés	Le profit dépend du risque	Hadith, fiqh commercial
	Garantie et rémunération	Toute rémunération exige une responsabilité	*Hadith*, *Fiqh* commercial
	Partage des risques (3P)	Revenus basés sur le résultat réel	*Mudâraba*, *Mushâraka*
Éthique contractuelle	Interdiction du *Gharar*	Interdiction de l'ambiguïté dans les contrats	*Hadith*
	Interdiction de la *Jahala*	Contrats clairs et informés	*Fiqh* des contrats
Éthique économique	Interdiction du gain illicite	Refus de l'appropriation injuste des biens	Coran (4 ; 29)

Section 3 : Les mécanismes de l'économie de marché islamique

Dans le prolongement des fondements et principes analysés précédemment, l'économie de marché islamique se distingue également par un ensemble cohérent d'instruments et de mécanismes spécifiques permettant de traduire ses finalités normatives en pratiques économiques concrètes. Ces instruments visent à encadrer le fonctionnement du marché, à orienter les comportements des agents économiques et à assurer la réalisation des objectifs de justice, d'équité et d'efficience.

1. Les instruments financiers islamiques comme alternative au système d'intérêt : Le premier pilier opérationnel de l'économie de marché islamique réside dans l'interdiction de l'intérêt (*Riba*), qui constitue une rupture fondamentale avec les systèmes financiers conventionnels. A la place du prêt à intérêt, le système islamique privilégie des mécanismes fondés sur le partage des risques et des profits.

Parmi les principaux instruments figurent les contrats de *Mudharaba* (partenariat entre capital et travail) et de *Mucharaka* (association entre partenaires apportant capital et/ou travail), qui permettent de financer l'investissement productif tout en assurant une répartition équitable des gains et des pertes. À ces instruments s'ajoutent des contrats commerciaux tels que la *Murabaha* (vente avec marge bénéficiaire connue), l'*Ijara* (location avec option d'achat) ou encore le *Salam* et l'*Istisnaâ*, adaptés au financement de l'agriculture et de l'industrie.

Ces mécanismes contribuent à ancrer la finance dans l'économie réelle, en limitant les activités spéculatives et en favorisant l'investissement productif, ce qui renforce la stabilité du système économique.

2. Les mécanismes de redistribution et de solidarité sociale : Le deuxième ensemble d'instruments concerne les dispositifs de redistribution des richesses, qui occupent une place centrale dans l'économie de marché islamique. Contrairement aux modèles libéraux où la redistribution est souvent secondaire, ce système intègre dès l'origine des mécanismes obligatoires et volontaires visant à réduire les inégalités.

La *Zakat*, en tant que prélèvement obligatoire sur les richesses, constitue l'instrument principal de redistribution. Elle permet de transférer une partie des ressources des agents aisés vers les catégories sociales vulnérables, contribuant ainsi à la cohésion sociale et à la réduction de la pauvreté. À cela s'ajoutent d'autres instruments tels que le *Waqf* (fondation charitable) et les dons volontaires (*Sadaqa*), qui renforcent les circuits de solidarité au sein de la société. En outre, s'ajoutent le système du prêt sans intérêt (*Qard Hasan*), ainsi que les mécanismes de solidarité sociale (*Takaful*), les expiations (*Kaffarat*) et les vœux pieux (*Nudhur*).

Ces mécanismes ne se limitent pas à une fonction corrective, mais participent activement à la dynamique économique en stimulant la demande et en favorisant l'inclusion économique des populations marginalisées.

3. Les dispositifs de régulation et de moralisation des échanges : Le troisième pilier concerne les règles encadrant le fonctionnement du marché, visant à garantir sa transparence, son équité et sa conformité aux principes éthiques. L'économie de marché islamique repose sur une liberté d'échange reconnue, mais strictement encadrée par un ensemble d'interdictions et d'obligations.

Sont notamment prohibées les pratiques telles que la fraude, la tromperie (*Gharar*), la spéculation excessive (*Maysir*) ou encore les situations de monopole abusif. Ces interdictions visent à prévenir les asymétries d'information, à protéger les parties contractantes et à assurer une concurrence loyale.

Par ailleurs, le rôle de l'autorité publique se manifeste à travers l'institution du *Hisba*, chargée de surveiller les marchés et de veiller au respect des règles morales et juridiques. Cette fonction de régulation ne vise pas à entraver le marché, mais à en garantir le bon fonctionnement en assurant la confiance entre les agents économiques.

Ainsi, l'économie de marché islamique ne se limite pas à un cadre normatif abstrait, mais repose sur un ensemble structuré d'instruments opérationnels permettant d'articuler efficacité économique et justice sociale. En combinant des mécanismes financiers alternatifs, des dispositifs de redistribution et un encadrement éthique des échanges, ce modèle propose une approche intégrée du fonctionnement du marché, distincte à la fois des logiques purement libérales et des approches interventionnistes classiques.

Section 4 : Convergences et divergences avec les autres modèles économiques

L'analyse comparative du modèle d'économie de marché islamique avec les modèles libéral, social et socialiste permet de mettre en évidence à la fois des convergences structurelles et des divergences fondamentales. Ces similitudes et différences portent sur des dimensions essentielles telles que la propriété, la liberté économique, le rôle de l'État, les politiques macroéconomiques et la place du secteur social.

Pour ajouter une valeur analytique claire, mettons en parallèle les catégories macroéconomiques de base de la comptabilité nationale selon la pensée standard et la pensée islamique :

- **La Consommation :** La pensée standard (notamment néoclassique) repose sur le principe de souveraineté du consommateur, maximisant une fonction d'utilité sous contrainte budgétaire sans restriction morale sur la nature des biens (hors légalité). À l'inverse, la pensée islamique introduit une rationalité bridée éthiquement par le concept d'*Al-Qawam* (juste milieu entre avarice et prodigalité) et prohibe la consommation de biens illicites (*Haram*). L'utilité y est multidimensionnelle, intégrant le bien-être de l'au-delà.

- **L'Épargne et l'Investissement :** Dans l'approche standard keynésienne, l'épargne est un résidu du revenu, et l'investissement dépend du coût du capital (taux d'intérêt) et de l'efficacité marginale du capital. En pensée islamique, l'épargne liquide oisive est pénalisée par l'institution de la Zakat (2,5% d'imposition sur la thésaurisation). Cela force l'épargnant à transférer ses liquidités vers l'investissement productif. L'investissement ne se règle pas par le taux d'intérêt (prohibé sous le terme de *Riba*), mais par le taux de rendement réel issu du partage des profits et des pertes (*Mudharaba / Musharaka*).
- **La Production et l'Emploi :** Si le capitalisme pur subordonne le travail au rendement du capital, la pensée islamique place le travail (*Al-Amal*) au rang d'obligation spirituelle. La fonction de production islamique ne cherche pas uniquement la maximisation du profit à court terme, mais intègre la minimisation des externalités négatives sociales (justice distributive envers les employés, salaire équitable basé sur le principe du droit à la suffisance (*Had Al-Kifaya*).

1. Les convergences structurelles : Malgré leurs fondements idéologiques distincts, les quatre modèles partagent certaines caractéristiques communes.

Premièrement, tous reconnaissent la nécessité d'un État dans l'organisation économique. Même le modèle libéral, qui prône un État minimal, lui attribue des fonctions essentielles telles que la protection de la propriété, la garantie des contrats et le maintien de l'ordre. Les modèles social, socialiste et islamique étendent ce rôle à la justice sociale et à la régulation économique.

Deuxièmement, tous les modèles poursuivent des objectifs macroéconomiques similaires, notamment la stabilité des prix et la croissance économique. Toutefois, les instruments mobilisés diffèrent : les systèmes conventionnels recourent au taux d'intérêt, tandis que l'économie islamique privilégie des mécanismes fondés sur le rendement réel et le partage des risques.

Troisièmement, les modèles libéral, social et socialiste reposent sur une logique d'endettement et de transfert du risque dans leurs politiques budgétaires, contrairement au modèle islamique qui privilégie la participation et le partage des risques.

2. Les divergences fondamentales : Ces divergences se situent principalement au niveau du régime de la propriété, de la nature de la liberté économique, de la place de l'ESS, des politiques économiques et du rôle de l'Etat.

Le régime de propriété : Les différences entre les modèles économiques se manifestent de manière particulièrement nette à travers leur conception du régime de propriété, lequel constitue un pilier fondamental de l'organisation économique et sociale.

Dans le modèle libéral, la propriété privée est considérée comme principe central et structurant, c'est un droit fondamental, garant de la liberté individuelle, de l'efficacité économique et de l'accumulation du capital. À l'opposé, le modèle socialiste repose principalement sur la propriété collective ou étatique des moyens de production, dans une logique visant à supprimer ou à limiter fortement la propriété privée afin de réduire les inégalités et d'assurer une répartition planifiée des ressources. Entre ces deux pôles, le modèle social adopte une position intermédiaire : il maintient la reconnaissance de la propriété privée, tout en la soumettant à une régulation importante par l'État afin d'en corriger les excès et d'en limiter les effets inégalitaires.

Dans ce paysage, le modèle islamique se distingue par une conception mixte, équilibrée et pluraliste de la propriété. Il reconnaît simultanément la légitimité de la propriété privée, de la propriété publique et de la propriété à finalité sociale ou collective. Cette coexistence institutionnelle permet une structuration économique diversifiée, où aucun mode de propriété ne s'impose de manière exclusive. Elle ouvre également la voie à des formes hybrides de gestion et d'investissement, notamment les partenariats entre secteurs public, privé et social, favorisant la coopération plutôt que la domination d'un seul acteur. Une telle organisation vise à prévenir à la fois la concentration excessive des richesses et les risques d'une centralisation étatique excessive, en recherchant un équilibre entre efficacité économique, justice sociale et solidarité.

La nature de la liberté économique : La liberté économique varie sensiblement selon les modèles économiques. Dans le système libéral classique, elle tend à être conçue comme une liberté large, voire quasi absolue, reposant sur le principe de l'initiative individuelle et de la libre concurrence. À l'inverse, dans les systèmes socialiste et social, cette liberté est fortement encadrée, régulée, voire partiellement substituée par des mécanismes de planification et de direction étatique de l'activité économique.

Dans ce contexte, le modèle islamique propose une conception originale et intermédiaire de la liberté économique. Celle-ci y est reconnue comme réelle et nécessaire à l'initiative individuelle, à la création de richesse et à la dynamique des échanges. Toutefois, elle n'est ni illimitée ni purement utilitariste. Elle est encadrée par un double niveau de régulation : d'une part, un cadre juridique explicite fixé par les règles de la *Charia* en matière de transactions, d'interdiction de l'usure, de respect des engagements et de justice contractuelle ; d'autre part, un ensemble de normes éthiques intériorisées, telles que la responsabilité, la solidarité et la recherche de l'équité, qui orientent les comportements économiques au-delà de la contrainte juridique formelle.

Ainsi, la liberté économique ne se réduit pas dans le modèle d'économie de marché islamique à l'absence de contraintes externes, mais s'inscrit dans une logique de liberté responsable, où l'autonomie individuelle est conciliée avec des finalités sociales et morales. Cette approche rejoint, par certains aspects, les analyses contemporaines de l'économie éthique et du développement humain, notamment celles d'Amartya Sen[1], qui mettent en évidence l'importance de l'articulation entre liberté réelle, capacités effectives et responsabilité dans le processus de développement

La place du secteur de l'économie sociale et solidaire (ESS) : La place de l'ESS constitue l'une des spécificités les plus marquantes du modèle d'économie de marché islamique, le distinguant nettement des modèles libéral, social et socialiste. Alors que ces derniers tendent à reléguer ce secteur à un rôle marginal ou complémentaire, l'économie islamique lui confère une position centrale dans la structuration du système économique et social.

Dans les modèles conventionnels, l'ESS - entendu comme l'ensemble des organisations non lucratives, des associations, des institutions caritatives et des initiatives de la société civile - joue un rôle limité. Dans le modèle libéral, il intervient de manière résiduelle pour compenser les insuffisances du marché, sans disposer de moyens structurels significatifs. Dans le modèle social, il est reconnu comme un complément aux politiques publiques, mais reste subordonné à l'action de l'État. Quant au modèle socialiste, il tend à absorber ou marginaliser ce secteur au profit de l'État, considéré comme principal acteur de la redistribution.

À l'inverse, l'économie de marché islamique repose sur une structuration tripartite dans laquelle l'ESS constitue un pilier à part entière, aux côtés du secteur privé et du secteur public.

[1] Sen, A. (1985). *Commodities and Capabilities*. North-Holland.

Il ne s'agit pas d'un simple mécanisme d'ajustement, mais d'un élément organique du système, contribuant directement à la réalisation des objectifs économiques et sociaux, notamment en matière de redistribution des richesses, de réduction des inégalités et de renforcement de la cohésion sociale.

Ce secteur englobe un ensemble diversifié d'acteurs et d'institutions, incluant les organisations caritatives, les fondations, les associations, les initiatives communautaires, ainsi que les mécanismes de solidarité organisés. Il intervient dans de nombreux domaines, tels que l'éducation, la santé, l'assistance sociale et le financement d'activités économiques au profit des populations vulnérables. Sa contribution dépasse ainsi la simple aide ponctuelle pour s'inscrire dans une dynamique durable de développement.

L'un des fondements essentiels de ce secteur réside dans l'institution de la *Zakat*, qui constitue un mécanisme structuré de redistribution des richesses. En assurant un transfert régulier de ressources vers les catégories les plus défavorisées, la *Zakat* contribue à réduire les disparités au niveau des revenus et des régions et à soutenir la demande au sein de l'économie. Elle s'inscrit dans une logique d'obligation et non de charité facultative, ce qui lui confère une stabilité et une efficacité particulières.

Par ailleurs, les institutions de type *Waqf* (fondations) jouent un rôle historique et contemporain majeur dans le financement des biens collectifs et des services sociaux. Elles permettent de mobiliser des ressources privées au service de l'intérêt général, en assurant une continuité dans le financement d'activités éducatives, culturelles et sanitaires. Ces mécanismes contribuent à alléger la charge financière de l'État tout en renforçant l'implication de la société civile.

L'ESS s'appuie également sur des principes de solidarité et de responsabilité collective, souvent désignés par le concept de *Takaful*. Ce principe traduit une forme d'entraide institutionnalisée, dans laquelle les membres de la société participent à la protection mutuelle contre les risques économiques et sociaux. Il favorise ainsi une approche coopérative de la gestion des risques, alternative aux mécanismes purement assurantiels fondés sur le profit.

L'importance accordée à l'ESS dans le modèle d'économie de marché islamique a des implications significatives sur la résilience du système économique. En diversifiant les canaux de redistribution et en renforçant les mécanismes de solidarité, il contribue à amortir les chocs économiques et à prévenir les tensions sociales. Il joue également un rôle essentiel dans l'inclusion économique, en facilitant l'accès des populations défavorisées aux ressources et aux opportunités.

Cependant, le développement effectif de ce secteur dépend de plusieurs conditions, notamment la qualité des institutions, la transparence dans la gestion des ressources et la coordination avec les politiques publiques. Dans un contexte contemporain marqué par la complexité des économies et l'intégration internationale, le défi consiste à moderniser ces mécanismes tout en préservant leurs fondements éthiques et sociaux.

La politique monétaire : La politique monétaire constitue l'un des domaines où la spécificité de l'économie de marché islamique apparaît avec le plus de netteté, tant au niveau de ses fondements que de ses instruments et de ses mécanismes de transmission. Alors que les modèles économiques conventionnels - libéral, social et socialiste - reposent principalement sur l'utilisation du taux d'intérêt comme instrument central de régulation, l'économie islamique s'en distingue par l'interdiction du *Riba*, qui rend inopérante toute politique monétaire fondée sur le coût du crédit.

Dans les systèmes conventionnels, la banque centrale ajuste les taux d'intérêt afin d'influencer la consommation, l'investissement et, en définitive, le niveau général des prix. Ce mécanisme repose sur une logique d'endettement et de transfert du risque, dans laquelle les agents économiques peuvent percevoir un revenu sans participation directe à une activité productive. À l'inverse, l'économie de marché islamique impose une transformation structurelle de ce cadre : la régulation monétaire ne peut s'appuyer que sur des mécanismes fondés sur le rendement réel des activités économiques, l'adossement à des actifs tangibles et le partage des profits et des pertes. Ainsi, la logique dominante devient celle de la participation et du partage du risque, remplaçant celle de la rente financière.

Cette transformation se reflète dans les instruments mobilisés par la banque centrale. Là où les systèmes conventionnels recourent aux taux directeurs, aux opérations d'*open market* sur des titres de dette et aux facilités de refinancement à intérêt, le modèle d'économie de marché islamique privilégie des instruments conformes à la *Charia*. Les opérations d'*open market* s'effectuent à travers des titres adossés à des actifs réels, tels que les *Sukuk*, plutôt que des obligations portant intérêt. Les injections de liquidité peuvent prendre la forme de financements participatifs ou de prêts sans intérêt (*Qardh Hasan*), tandis que le taux de référence n'est plus un taux d'intérêt administré, mais un taux de rendement issu des performances effectives de l'économie réelle.

Cette différence d'instruments s'accompagne d'un mécanisme de transmission profondément distinct. Dans les modèles conventionnels, la transmission de la politique monétaire s'opère essentiellement par le canal financier : la variation des taux d'intérêt modifie le coût du crédit, ce qui affecte la demande globale. Dans le modèle d'économie de marché islamique, la transmission s'effectue par le canal réel : les ressources financières sont orientées vers des investissements productifs, dont les rendements influencent les décisions économiques. Ce mécanisme renforce le lien entre la sphère financière et la sphère réelle, réduisant ainsi les risques de déconnexion et de formation de bulles spéculatives.

La gestion de la liquidité et la fonction de prêteur en dernier ressort illustrent également cette spécificité. Dans les systèmes conventionnels, la banque centrale fournit des liquidités aux institutions financières en difficulté à des taux d'intérêt généralement pénalisants, ce qui peut encourager des comportements de prise de risque excessive. Dans le modèle d'économie de marché islamique, cette fonction repose sur des instruments alternatifs, notamment le recours au prêt sans intérêt (*Qardh Hasan*), des mécanismes de solidarité entre institutions financières et un renforcement du contrôle prudentiel. Le recours de la banque centrale au *Qardh Hasan* s'explique généralement par la non rémunération des dépôts de réserves obligatoires par l'intérêt et se fait par des *Qardh Hasan* parallèles ou encore par des opérations *Mudharaba* ou *Wakala Bil-Istithmar* à l'instar de la pratique de plusieurs banques centrales, notamment de la Banque Centrale Malaysienne Negara.

Les objectifs de la politique monétaire dans le modèle d'économie de marché islamique s'inscrivent dans une logique de cohérence avec l'économie réelle. Ils consistent principalement à assurer la stabilité des prix tout en favorisant la croissance économique. Ces deux objectifs sont étroitement liés : une croissance soutenue permet d'augmenter l'offre de biens et de services, contribuant ainsi à contenir les pressions inflationnistes. Dans cette perspective, la banque centrale veille à maintenir une correspondance entre la croissance de la masse monétaire et celle de l'activité économique réelle, afin d'éviter les déséquilibres macroéconomiques.

Dans ce cadre, la *Zakat* joue un rôle indirect mais essentiel dans l'équilibre monétaire. En imposant un prélèvement sur les richesses non investies, elle incite les agents économiques à mobiliser leurs ressources dans des activités productives. Elle contribue ainsi à limiter la thésaurisation et à favoriser la circulation de la monnaie, agissant comme un mécanisme complémentaire de régulation économique.

Malgré sa cohérence théorique, la politique monétaire, dans le modèle d'économie de marché islamique, fait face à plusieurs défis majeurs. Le premier concerne son intégration dans un système financier international largement dominé par des instruments fondés sur le taux d'intérêt. Le deuxième réside dans la relative faiblesse de la liquidité des instruments financiers islamiques, notamment les *Sukuk*, comparativement aux obligations conventionnelles. Le troisième tient à la nécessité de construire des indicateurs de référence fiables, capables de remplacer les taux d'intérêt dans l'orientation des décisions économiques.

Ainsi, la politique monétaire dans l'économie de marché islamique constitue une alternative structurelle aux paradigmes conventionnels. En substituant à la logique de l'endettement une logique de participation et de partage des risques, elle vise à renforcer le lien entre finance et économie réelle, à améliorer la stabilité du système et à promouvoir une plus grande équité dans la distribution des revenus. Toutefois, sa généralisation à grande échelle suppose le développement d'institutions adaptées et une coordination internationale accrue, condition nécessaire à sa viabilité dans un environnement économique globalisé.

La politique budgétaire : La politique budgétaire constitue l'un des instruments fondamentaux de régulation macroéconomique dans l'économie de marché islamique. Son efficacité repose sur une coordination étroite avec la politique monétaire, afin d'assurer la cohérence globale des interventions publiques et d'éviter les contradictions entre expansion budgétaire et restriction monétaire, ou inversement. Cette articulation s'inscrit dans une vision intégrée de l'action économique, orientée vers la réalisation du bien-être collectif.

Dans ce cadre, la politique budgétaire, dans le modèle d'économie de marché islamique, poursuit plusieurs objectifs interdépendants. Elle vise, en premier lieu, à stimuler la croissance économique et la création de richesse, en favorisant un environnement propice à l'investissement et à l'activité productive. Elle cherche également à contenir les déséquilibres macroéconomiques, notamment l'inflation, en maintenant une correspondance entre les ressources financières mobilisées et la production réelle de biens et services. Par ailleurs, elle poursuit un objectif central de justice sociale, en assurant une distribution équitable des revenus et des richesses, garantissant à chaque individu un niveau de vie décent correspondant au seuil de suffisance (*Had Al-Kifaya*). Enfin, elle contribue à la fourniture de services publics essentiels, tels que la santé, l'éducation et les infrastructures, tout en participant à la préservation de la sécurité et de la stabilité de la société.

L'architecture des ressources publiques dans l'économie de marché islamique repose sur une distinction fondamentale entre ressources permanentes et ressources exceptionnelles. Les ressources permanentes constituent la base structurelle du financement public. Elles comprennent principalement la *Zakat*, qui représente le pilier central du système, mais également les revenus issus des propriétés publiques, ainsi que certaines formes de prélèvements liés à l'exploitation des ressources ou aux échanges commerciaux. La *Zakat* occupe une place singulière dans cette architecture. Elle ne se limite pas à un instrument fiscal, mais constitue une institution intégrée à la fois économique, sociale et spirituelle. En tant qu'obligation religieuse, elle s'impose aux détenteurs de richesse et est destinée à des catégories de bénéficiaires précisément définies. Elle favorise la circulation des richesses, réduit les inégalités et renforce la cohésion sociale.

À côté de ces ressources permanentes, l'État peut recourir à des ressources exceptionnelles en cas de nécessité, telles que l'impôt, l'emprunt ou, dans des conditions strictes, les avances sur *Zakat* des années ultérieures ou l'émission monétaire. Toutefois, ces instruments sont encadrés et considérés comme des moyens de dernier recours, afin d'éviter les déséquilibres financiers et les charges excessives pour la société.

La spécificité de la politique budgétaire, dans ce modèle d'économie de marché islamique, réside également dans les principes qui régissent la dépense publique. Les priorités sont accordées aux besoins essentiels, tels que la sécurité, l'alimentation et la santé, dont la satisfaction est indispensable à la préservation de la vie et de la dignité humaine. Les autres catégories de dépenses sont subordonnées à la disponibilité des ressources. Cette hiérarchisation permet d'assurer une allocation rationnelle et équitable des fonds publics, notamment en période de contrainte budgétaire.

Un autre principe fondamental concerne l'affectation des ressources. Contrairement aux systèmes fiscaux conventionnels, où les recettes publiques sont généralement fongibles, certaines ressources dans le modèle islamique, en particulier la *Zakat*, sont strictement affectées à des usages spécifiques. Cette affectation limite la discrétion de l'État et garantit que les fonds collectés sont utilisés conformément à leur finalité sociale. Les autres ressources restent sous la gestion de l'État, mais leur utilisation doit respecter les priorités établies et les principes d'équité.

La *Zakat* joue également un rôle économique dynamique en influençant le comportement des agents. En taxant les richesses non investies, elle incite à la mobilisation des capitaux et à leur orientation vers des activités productives. Ce mécanisme contribue à créer de la richesse et à renforcer la croissance. Par ailleurs, son taux modéré favorise une large adhésion, limitant les comportements d'évitement et assurant une collecte relativement stable.

La politique budgétaire, dans ce modèle d'économie de marché islamique, se distingue ainsi des modèles conventionnels par son caractère intégré, combinant des objectifs économiques, sociaux et éthiques. Là où les systèmes classiques reposent principalement sur l'impôt et l'endettement, ce modèle privilégie des mécanismes fondés sur la solidarité, la responsabilité et la participation à l'activité économique réelle.

Toutefois, la mise en œuvre de cette politique se heurte à plusieurs défis contemporains. L'intégration dans un environnement économique international dominé par des systèmes fiscaux et financiers différents, la nécessité de moderniser les institutions de collecte et de distribution de la *Zakat*, ainsi que la gestion des ressources publiques dans des économies complexes et ouvertes constituent autant d'enjeux majeurs.

Le rôle de l'État : Le rôle de l'État constitue un élément structurant dans la compréhension des différents modèles d'économie de marché. Il détermine la nature de l'intervention publique, les modalités de régulation des activités économiques et, plus largement, l'équilibre entre liberté individuelle, justice sociale et efficacité économique. L'analyse comparative des modèles libéral, social, socialiste et islamique met en évidence des conceptions profondément différenciées du rôle de l'État, tant dans ses fondements que dans ses fonctions.

Dans le modèle libéral classique, l'État est conçu comme un « État gendarme », dont la mission se limite essentiellement à garantir l'ordre juridique, la sécurité des personnes et des biens, ainsi que l'exécution des contrats. La propriété privée y est considérée comme absolue, la liberté économique comme illimitée, et toute intervention étatique comme potentiellement source d'inefficience. L'État ne produit pas, ne redistribue pas et n'intervient que de manière minimale, se contentant d'assurer le bon fonctionnement du cadre institutionnel du marché.

À l'opposé, le modèle socialiste attribue à l'État un rôle central et dominant. L'État devient acteur économique principal, propriétaire des moyens de production et responsable de la planification des activités économiques. Il détermine les investissements, fixe les prix et oriente la production selon des objectifs définis politiquement. Dans ce cadre, le marché joue un rôle secondaire, voire marginal. Si ce modèle permet une mobilisation coordonnée des ressources, il tend toutefois à limiter l'initiative individuelle et à générer des inefficiences liées aux contraintes informationnelles et organisationnelles de la planification centralisée.

Entre ces deux extrêmes, le modèle d'économie de marché sociale propose une approche intermédiaire. L'État y joue un rôle de régulateur actif, chargé de corriger les défaillances du marché, de protéger les consommateurs et d'assurer une redistribution des revenus à travers des politiques sociales et fiscales. La propriété privée demeure la règle, mais elle est encadrée par des obligations sociales. L'État fournit également des services publics essentiels, contribuant ainsi à la cohésion sociale et à la réduction des inégalités. Toutefois, ce modèle reste dépendant des instruments conventionnels d'endettement et de fiscalité, ce qui peut engendrer des tensions en termes de soutenabilité financière.

Le modèle d'économie de marché islamique propose, quant à lui, une conception originale du rôle de l'État, fondée sur une articulation entre fonctions protectrices et fonctions opérationnelles. L'État y assume une double dimension : celle de garant de l'ordre social et moral, et celle d'acteur économique encadré. Cette conception s'inscrit dans une finalité plus large, orientée vers la réalisation du bien-être collectif (*Maslaha*) et la préservation des objectifs fondamentaux de la *Charia*, notamment la protection de la vie, des biens, de la dignité et de la cohésion sociale. En tant que garant, l'État veille à assurer la justice, à protéger les droits fondamentaux et à garantir un niveau de vie décent pour l'ensemble des membres de la société. Cette responsabilité implique notamment la garantie du seuil de suffisance (*Hadd Al-Kifaya*), ainsi que la fourniture de services essentiels tels que la santé, l'éducation et les infrastructures de base. L'intervention publique ne se limite donc pas à une fonction de surveillance, mais s'inscrit dans une logique de protection active de la société.

Par ailleurs, l'État islamique peut intervenir en tant qu'acteur économique, mais dans des limites strictement encadrées. Il gère les ressources publiques et les biens collectifs, notamment les ressources naturelles et les infrastructures d'intérêt général, tout en laissant au secteur privé un rôle central dans la production et l'échange. Cette intervention n'est ni monopolistique ni substitutive, mais complémentaire et régulatrice. Le marché reste ainsi le principal mécanisme d'allocation des ressources, mais il est discipliné par des règles éthiques, notamment l'interdiction du *Riba*, du *Gharar* et des pratiques de monopole.

La spécificité de ce modèle d'économie de marché islamique, réside dans la complémentarité des trois secteurs, ESS, Etat et secteur privé. À travers des institutions telles que la *Zakat*, les *Waqf* (les fondations) et les mécanismes de solidarité, ce secteur contribue de manière significative à la redistribution des richesses et à la cohésion sociale. L'État intervient alors comme organisateur et garant de ces mécanismes, sans pour autant en monopoliser l'exercice.

L'équilibre recherché dans ce modèle repose ainsi sur une complémentarité entre initiative privée, moteur de la création de richesse, intervention publique, garante de la justice sociale et de la stabilité et l'ESS, vecteur de solidarité et de cohésion sociale. Cette articulation vise à éviter à la fois les excès du libéralisme, marqués par les inégalités, et ceux du socialisme, caractérisés par l'inefficience.

Chaque modèle économique est confronté à des difficultés particulières. Le modèle libéral fait face à la montée des inégalités et aux risques liés à l'endettement. Le modèle social est confronté à la question de la soutenabilité de son système de protection sociale et le modèle socialiste rencontre des difficultés à concilier planification et innovation. Alors que le modèle d'économie de marché islamique est confronté à un défi particulier : concilier ses principes fondamentaux avec les exigences du système économique international, notamment en matière financière et monétaire.

Table 2 : Convergence et Divergence entre les trois modèles de développement

Règle	**Economie de marché**			
	Islamique	**Libérale**	**Sociale**	**Socialiste**
Propriété	Mixte avec coexistence des trois secteurs	Individuelle illimitée	Individuelle avec propriété publique comme exception	Socialiste avec propriété privée comme exception
Liberté économique	Disciplinée par les règles de la charia	Absolue	Régulée	Dirigée par l'État
Rôle de l'État	État protecteur et actif	État gendarme	État protecteur	État protecteur et planificateur
Rôle du secteur privé	Rôle principal mais contraint par les garde-fous de la charia	Rôle principal sans contrainte	Rôle principal mais régulé	Rôle marginal
Rôle de l'ESS	Rôle central	Rôle marginal	Rôle complémentaire aux autres secteurs	Rôle marginal

Table 2 (suite) : Convergence et Divergence entre les trois modèles de développement

Règle	**Economie de marché**			
	Islamique	**Libérale**	**Sociale**	**Socialiste**
Politique monétaire	Cible : Croissance + inflation par l'augmentation du taux de rendement	Cible : Inflation par l'augmentation du taux d'intérêt	Cible : Inflation par l'augmentation du taux d'intérêt	Cible : Inflation par l'augmentation du taux d'intérêt
Politique budgétaire	Système de participation et de partage des risques	Système d'endettement et de transfert des risques	Système d'endettement et de transfert des risques	Système d'endettement et de transfert des risques
Politique fiscale	*Zakat* comme règle, impôt comme exception	Impôt comme règle	Impôt comme règle	Impôt comme règle
Modèles et expériences pratiques		États-Unis d'Amérique	Danemark	Russie / Chine

CHAPITRE IV
Architecture du modèle d'économie de marché islamique

Ce chapitre propose une esquisse des grandes lignes d'un modèle d'économie de marché islamique. Il s'inscrit dans une démarche analytique fondée sur les finalités majeures de la Charia, visant à concilier efficacité économique, justice sociale et durabilité du développement.

Dans une première section, le chapitre présente les orientations majeures du modèle à travers l'identification de ses finalités globales et de ses piliers structurants, tout en tenant compte des constantes culturelles et des spécificités sociétales propres à chaque pays et en s'inspirant des expériences de développement réussies. La deuxième section est consacrée à la définition des rôles respectifs des principaux acteurs économiques afin de mettre en évidence leur complémentarité dans la dynamique de développement. La troisième section analyse les politiques publiques conjoncturelles. L'idée est de faciliter la transition progressive d'une économie d'endettement vers une économie fondée sur la participation et le partage des risques. Enfin, la quatrième section examine les politiques publiques structurelles ou sectorielles, en particulier agricoles et industrielles, en tant que leviers essentiels d'un développement inclusif et durable.

Section 1 : Les orientations stratégiques du modèle

Les orientations majeures du modèle d'économie de marché islamique renvoient à l'ensemble des principes de référence qui encadrent et guident l'action économique au sein d'une société donnée. Elles s'enracinent dans quatre dimensions complémentaires, que nous avons appelé les piliers fondamentaux du modèle d'économie de marché islamique. Ces piliers se réfèrent aux constantes culturelles et aux spécificités sociétales propres à chaque pays et s'inspirent des expériences de développement réussies.

1. Les six finalités fondamentales du modèle : Par finalités fondamentales du modèle d'économie de marché islamique, nous entendons l'ensemble des objectifs majeurs, à la fois théoriques et opérationnels, qui structurent l'activité économique et constituent la boussole normative du système économique. Ces finalités fondamentales encadrent les choix collectifs, éclairent l'élaboration des politiques publiques et façonnent le comportement des acteurs économiques.

Dans le cadre de ce modèle, nous identifions six finalités fondamentales : le développement ou *prosperity* (*El-Imar*), l'intégration ou *empowerment* (*Al-Tamkin*), la sécurité ou *security* (*El-Amn*), l'équilibre ou *equilibrum* (*Al-Tawazun*), la justice ou *equity* (*Al-Adl*) et la durabilité ou *sustainability* (*Al-Istidama*). L'adjonction du qualificatif « économique » à chacun de ces piliers est envisageable sans que cela ne réduise leur portée ni n'exclue d'autres piliers essentiels. Le choix de se concentrer sur ces six finalités s'explique par leur lien étroit avec les objectifs centraux des économies contemporaines et par leur pertinence directe au regard des besoins concrets des sociétés actuelles.

El-Imar renvoie à une conception globale et contemporaine du développement, qui dépasse la seule croissance économique pour intégrer des dimensions essentielles telles que la justice sociale, l'égalité des chances, la protection de l'environnement, l'amélioration des niveaux d'éducation et de santé, ainsi que l'ensemble des conditions nécessaires à une vie digne et épanouie.

Al-Tamkin englobe l'ensemble des politiques visant à assurer l'inclusion effective des catégories sociales marginalisées ou vulnérables dans le cycle économique. Elle implique également l'intégration des individus dans leur environnement professionnel par l'accès à la formation, aux ressources productives et aux opportunités économiques, favorisant ainsi motivation, performance et création de valeur au bénéfice de l'ensemble de la société.

Al-Amn englobe non seulement la protection des biens publics et privés par le biais d'une justice indépendante, mais aussi la sécurité alimentaire, hydrique et énergétique. Elle constitue une condition indispensable à la réalisation de développement et de l'intégration, tout en préservant l'autonomie de décision, en garantissant la stabilité nécessaire à l'investissement, à la production et à la cohésion sociale. C'est par cette finalité que les États concrétisent les politiques de « compter sur soi ».

Al-Tawazun occupe une place centrale dans l'analyse économique. Il favorise une allocation optimale des ressources disponibles et assure le bon fonctionnement des marchés. En son absence, les déséquilibres s'accumulent, entraînant crises, instabilité et perturbations économiques et sociales. Cette finalité permet aux économies de relever les principaux défis liés au chômage, à l'inflation et à la croissance.

*Al-*A*dl* constitue une assise essentielle de la prospérité économique et sociale. Comme le souligne Ibn Khaldoun, la justice est la base de la civilisation, et son absence conduit inévitablement à la décadence ainsi qu'à la perturbation de l'ordre économique et social. Cette finalité requiert également l'existence d'une justice indépendante.

Enfin, *Al-Istidama* est transversale et indispensable à la réalisation de l'ensemble des autres piliers du modèle. Sans une gestion responsable des ressources et la prise en compte des droits des générations futures, aucune stratégie de développement ne peut prétendre à la pérennité.

Ces six finalités fondamentales, bien ancrés dans l'islam, structurent l'ensemble du cycle économique, depuis la production et l'épargne jusqu'à l'investissement, la consommation et la distribution des richesses. Elles contribuent à réduire les déséquilibres, à contenir les crises, à limiter les inégalités et à instaurer un climat de stabilité et de confiance, propice à l'effort productif et à la réalisation des conditions d'une vie digne[1].

2. Les modalités de mise en œuvre du modèle : Notre vision du modèle d'économie de marché islamique permet de répondre aux aspirations et aux besoins des économies sur un horizon temporel donné. Elle contribue à renforcer leur positionnement à l'échelle régionale et internationale. Cette vision s'appuie sur la construction d'un tissu économique compétitif, à forte valeur ajoutée, intégrant les technologies de pointe et les méthodes de production les plus avancées.

Cette vision ne cherche pas à attirer l'investissement uniquement par des avantages fiscaux ou par le faible coût de la main-d'œuvre, mais plutôt par la qualité des écosystèmes productifs, l'efficacité des infrastructures, la disponibilité de compétences qualifiées et l'existence de chaînes de valeur intégrées. L'objectif est de positionner le territoire national comme un espace attractif pour les investisseurs à la recherche de compétitivité durable, d'innovation et de stabilité.

La mise en œuvre de notre modèle repose sur quatre piliers : compétences ou *capabilities* (*AL-Iqtidar*), la participation (*Al-Tasharukiya*), le bien-être (*Al-Rafah*) et la justice sociale (*Al-Adala*). Ces composantes véhiculent des contenus normatifs directement issus des références islamiques et constituent un marqueur distinctif du modèle d'économie de marché islamique par rapport aux modèles conventionnels.

Le premier pilier, les compétences ou *capabilities*, renvoie à un processus actif de prise de conscience, de mobilisation des capacités et de transformation endogène des réalités économiques et sociales. Il traduit la faculté des individus, en tant qu'acteurs économiques, à maîtriser leur destin, à participer aux décisions qui façonnent leur présent et leur avenir, et à contribuer activement à la production de richesse conformément au verset « *En vérité, Dieu ne change pas l'état d'un*

---

[1] Mohamed NOURI : *Les finalités de l'économie islamique*, L'Harmattan. Paris.2024

peuple tant qu'ils ne changent pas ce qui est en eux-mêmes » (S. 13, v. 11). À l'échelle collective, cette autonomisation reflète la capacité d'une société à construire son propre projet de développement en mobilisant ses ressources matérielles et immatérielles.

Le deuxième pilier, la participation, constitue une dimension centrale du patrimoine culturel et civilisationnel des sociétés islamiques, dont l'un des fondements majeurs est le principe de la *Choura*. Celle-ci renvoie à une pratique de délibération collective et de prise de décision concertée, fondée sur la consultation, la coresponsabilité et la recherche de l'intérêt général. La participation s'enracine ainsi dans les principes de coopération et de solidarité, lesquels trouvent aujourd'hui un prolongement naturel dans les approches contemporaines de la responsabilité sociétale. Elle suppose un partage collectif des charges, des bénéfices et des risques, et s'inscrit dans une dynamique d'interaction permanente entre les différents acteurs économiques et sociaux. Elle offre, de ce fait, une alternative crédible à la logique individualiste de l'économie de marché libérale, en promouvant un système économique fondé sur la complémentarité et l'intégration des acteurs.

Dans cette perspective, le modèle d'économie de marché islamique repose sur la mise en réseau des ressources humaines, matérielles et institutionnelles, à travers la mobilisation conjointe du capital humain, du capital social et du capital institutionnel. Cette logique de mise en cohérence et de coopération renforce l'efficacité globale du système productif et favorise l'émergence de synergies durables entre les territoires, les secteurs et les institutions.

Le bien-être, troisième pilier du modèle, constitue une notion intrinsèquement multidimensionnelle, qui dépasse largement la seule dimension matérielle. Il vise à garantir aux individus et à la collectivité un niveau de vie décent, couvrant l'ensemble des besoins fondamentaux - alimentation, logement, habillement - ainsi que les besoins sociaux, culturels, éducatifs, sanitaires et environnementaux touchant à la fois aux sphères économique, sociale, politique, familiale, environnementale, psychologique et spirituelle. Dans cette perspective, l'engagement de l'État à assurer l'accès aux services publics essentiels et aux mécanismes de protection sociale ne relève pas d'un choix conjoncturel ou discrétionnaire, mais d'un droit fondamental indissociable de la dignité humaine.

A cet égard, le patrimoine islamique offre un cadre conceptuel particulièrement riche, fondé notamment sur la notion d'*Al-Kifaya*, laquelle vise à garantir à chaque individu les conditions matérielles, sociales, politiques et institutionnelles nécessaires à une vie digne et épanouie.

Enfin, la justice sociale, quatrième pilier du modèle, constitue à la fois une valeur fondamentale et une finalité ultime de l'action économique. Elle vise l'instauration de l'équité entre les individus, les régions et les générations, ainsi que la réduction des inégalités structurelles qui fragilisent la cohésion sociale et compromettent l'efficacité économique. La justice sociale ne relève pas uniquement d'un impératif moral, mais constitue une condition indispensable à la promotion d'un développement inclusif et durable, conformément au principe selon lequel « la justice est le fondement de la prospérité ».

La concrétisation de ce pilier repose sur la mise en œuvre de politiques favorisant l'égalité des chances, l'accès équitable aux ressources et aux services essentiels, la création d'emplois décents, la réduction du chômage et la promotion d'un développement territorial équilibré.

3. Les dimensions culturelles et sociales du modèle : Le modèle de développement proposé ne saurait être appréhendé comme une construction abstraite ou comme un schéma universel transposable mécaniquement d'un contexte à un autre. Il s'inscrit, au contraire, dans un environnement culturel et social spécifique, dont les constantes structurent les comportements économiques, les modes d'organisation collective et les mécanismes de légitimation de l'action publique. La prise en compte de ces constantes ne relève ni d'un choix identitaire ni d'une posture symbolique, mais d'une exigence analytique et opérationnelle, dans la mesure où l'efficacité des politiques économiques suppose une cohérence minimale entre les institutions formelles et les normes sociales informelles qui régissent les interactions économiques.

Dans les sociétés à référence islamique, l'économie est historiquement conçue comme un espace d'interaction à la fois économique, morale et sociale, et non comme une sphère autonome régie exclusivement par la maximisation de l'intérêt individuel. Les valeurs de solidarité (*Al-Taawun*), de justice (*Al-Adl*), de responsabilité (*Al-Amanah*) et d'équilibre (*Al-Tawazun*) constituent ainsi des repères structurants des comportements économiques. Loin de s'opposer aux mécanismes du marché ou à l'initiative privée, ces valeurs en encadrent le fonctionnement, en limitent les dérives potentielles et orientent les résultats vers la réalisation de l'intérêt collectif.

Cette dimension culturelle rapproche le modèle proposé de certaines approches contemporaines mettant l'accent sur le rôle des normes sociales et du capital social dans la performance économique. Les travaux issus de l'économie institutionnelle ont en effet montré que la confiance, la coopération et la crédibilité des règles constituent des déterminants essentiels de la croissance, de la stabilité macroéconomique et de la résilience des systèmes productifs. Toutefois, dans le cadre du modèle d'économie de marché islamique, ces dimensions revêtent une portée qui dépasse leur seule fonctionnalité économique : elles s'inscrivent dans un référentiel normatif et éthique partagé, qui confère aux règles économiques une légitimité sociale renforcée.

Les spécificités sociales se manifestent également par la place centrale de la famille, des réseaux de proximité et des formes communautaires de solidarité. Ces structures jouent un rôle économique significatif, notamment dans la gestion des risques, la transmission intergénérationnelle des compétences et la mobilisation des ressources financières et humaines. Loin de constituer des vestiges d'un ordre social dépassé, elles peuvent devenir des leviers puissants d'inclusion économique et de cohésion sociale, à condition d'être intégrées dans des dispositifs institutionnels modernes, transparents et compatibles avec les exigences de l'économie contemporaine.

Dans cette perspective, le modèle proposé rejoint certaines expériences de développement réussies, dans lesquelles la modernisation économique s'est appuyée sur la valorisation des dynamiques sociales endogènes. De nombreuses économies émergentes ont ainsi montré que l'efficacité des politiques industrielles, de l'inclusion financière ou de la promotion de l'entrepreneuriat local dépend largement de leur capacité à s'articuler aux structures sociales existantes, plutôt que de chercher à les contourner ou à les neutraliser.

Ainsi, la prise en compte des constantes culturelles et sociales ne conduit ni à une fermeture identitaire ni à une rigidité institutionnelle, mais au contraire à une ouverture maîtrisée, capable d'absorber les innovations institutionnelles et technologiques tout en préservant la cohérence sociale. Le modèle d'économie de marché islamique se présente dès lors comme un cadre évolutif, fondé sur l'adaptation, l'apprentissage collectif et la continuité des valeurs structurantes.

À l'inverse, toute tentative de rupture avec les constantes culturelles et sociales propres aux sociétés concernées, ou de transplantation mécanique de modèles institutionnels importés de l'étranger, comporte un risque élevé d'inefficacité, voire d'échec des politiques économiques.

L'histoire récente du développement économique montre que les réformes qui ignorent les normes sociales, les systèmes de valeurs et les modes d'organisation endogènes peinent à produire des résultats durables, faute de légitimité sociale et d'appropriation collective. Cette inadéquation entre institutions formelles importées et pratiques sociales locales génère souvent des effets de contournement, de résistance ou de fragmentation, qui affaiblissent la crédibilité de l'action publique et réduisent l'efficacité des politiques mises en œuvre.

En outre, la prise en considération des spécificités propres à chaque société, lors de la mise en œuvre du modèle d'économie de marché islamique, constitue un facteur déterminant de réussite du schéma de développement et permet de traiter les dysfonctionnements susceptibles d'en entraver l'efficacité. Cependant, les caractéristiques des sociétés arabes et musulmanes ne sont pas nécessairement positives ni favorables à la réussite du modèle proposé ; certains comportements négatifs doivent être corrigés afin de ne pas compromettre son déploiement. Parmi les traits positifs, on peut citer l'homogénéité religieuse et culturelle, les traditions de coexistence et de tolérance, ainsi que des dispositions à l'ouverture, à la modération, à la flexibilité, à l'intégration et à l'aspiration à la modernité.

En revanche, les caractéristiques négatives renvoient notamment à la prévalence de comportements utilitaristes et à la primauté accordée à l'intérêt individuel sur l'intérêt collectif au sein d'une part non négligeable de la société. S'y ajoutent des tendances à une consommation non rationnelle, en particulier ostentatoire, le régionalisme, le désengagement vis – à - vis du travail et la progression du chômage volontaire, ainsi qu'une propension à privilégier des voies d'enrichissement rapide au détriment de l'effort productif et du travail.

À titre illustratif, les spécificités de la société japonaise n'ont nullement entravé son interaction créative avec les acquis de la modernité ni sa participation active aux différentes dimensions de la vie humaine. De même, l'Inde, en tant que pays vaste et profondément diversifié, a su mobiliser ses particularités religieuses, culturelles et sociales pour édifier une démocratie solide et développer une industrie avancée fondée sur les technologies modernes. À la lumière de ces expériences internationales réussies, les spécificités nationales peuvent se transformer en facteurs d'enrichissement, de consolidation et de mobilisation du soutien populaire aux projets de développement.

Dès lors, la réussite de ce modèle demeure étroitement liée à la capacité de réhabiliter les caractéristiques positives propres aux sociétés arabes et islamiques, et à les traduire concrètement à travers des dispositifs juridiques et institutionnels appropriés. Une telle démarche est de nature à restaurer la vitalité de l'économie nationale, à mieux maîtriser le processus d'intégration dans le système de la mondialisation, et à atténuer les tensions entre les mécanismes du marché et les exigences du développement.

4. Les enseignements des expériences internationales réussies : L'analyse des expériences de développement réussies, en particulier celles relevant de l'économie de marché sociale, s'impose en raison de leur proximité conceptuelle avec le modèle d'économie de marché islamique. Il convient notamment de s'arrêter sur les trajectoires ayant réalisé, dans des délais relativement courts, des transformations structurelles profondes et des performances économiques remarquables, à l'instar des expériences turque et malaisienne, mais aussi de celles de Singapour, de la Corée du Sud, du Chili ou encore de l'Estonie[1].

---

[1] Ces pays figurent parmi ceux qui ont connu la croissance la plus rapide ces dernières années, selon le rapport *Perspectives de l'économie mondiale 2023* du FMI.

Ces expériences convergent autour de plusieurs facteurs déterminants, au premier rang desquels figurent : l'investissement dans le capital humain à travers l'éducation, la formation et la valorisation des compétences nationales ; l'investissement dans la gouvernance, notamment par la lutte contre la corruption ; et l'orientation vers des secteurs porteurs à forte valeur ajoutée et à contenu cognitif élevé. Cette triple dynamique - investissement dans le capital humain, promotion d'une bonne gouvernance et développement de l'économie de la connaissance - constitue le socle explicatif commun des trajectoires de réussite des économies émergentes, dont les enseignements méritent d'être intégrés dans toute stratégie d'amorçage du développement.

Aucune transformation économique durable ne peut être engagée dans un contexte marqué par des mutations locales, régionales et internationales rapides sans un effort soutenu de construction des capacités productives. Cela suppose la mobilisation de ressources matérielles et immatérielles, au premier rang desquelles figurent la formation de l'homme acteur du développement, la consolidation d'institutions productives, l'orientation vers des secteurs porteurs, la valorisation des territoires locaux en tant que noyaux du développement, ainsi que la mise en place d'un système de financement fondé sur la mobilisation efficiente des ressources internes et leur allocation optimale. L'ensemble de ces leviers est étroitement lié au développement du capital humain, scientifique, social et institutionnel, parallèlement à la constitution d'un capital financier solide et à la montée en capacité des territoires et des secteurs.

La majorité des économies émergentes ont ainsi fondé leur essor sur un investissement massif dans le capital humain, notamment par la modernisation des systèmes de formation, la numérisation des dispositifs éducatifs, l'adaptation des programmes éducatifs aux évolutions scientifiques et technologiques, ainsi que par la promotion de contenus favorisant le développement des compétences et l'élévation des qualifications. La généralisation et l'institutionnalisation de la formation, en conformité avec les standards internationaux, ont contribué à la construction psychologique et sociale de l'individu en tant que pilier fondamental du développement.

Le développement du capital humain s'est également opéré à travers l'amélioration de la qualité des services publics, en particulier dans les domaines de la santé, de l'éducation et des infrastructures liées aux conditions de vie. À cet égard, les composantes de l'indice de développement humain - espérance de vie, niveau d'éducation et revenu - traduisent le lien étroit entre accumulation du capital humain et performance économique.

Cette dynamique est indissociable du développement du capital scientifique, devenu dans les économies contemporaines la principale source de création de richesse et d'avantage comparatif. L'innovation, la production de connaissances et leur mobilisation dans la résolution des problèmes organisationnels constituent des facteurs décisifs de compétitivité, notamment dans des secteurs tels que les technologies numériques ou les services financiers. Le capital scientifique renvoie ainsi à des relations intensives fondées sur la connaissance et à des compétences dotées d'un fort potentiel de génération de valeur.

La construction des capacités productives requiert également un investissement soutenu dans le capital social, désormais reconnu comme un déterminant majeur des trajectoires de croissance et de développement. Ce qui renvoie aux réseaux de relations sociales, aux normes partagées et au climat de confiance facilitant la coopération et la coordination en vue d'un bénéfice collectif. Le capital social favorise l'équilibre entre secteurs public et privé, accroît la productivité globale et renforce la capacité des sociétés à résoudre leurs problèmes de manière endogène.

Ce concept renvoie également aux valeurs collectives de la société, liées à la responsabilité sociétale. Le capital social est ainsi devenu le fondement essentiel des relations sociales contemporaines, à travers lequel se constitue l'ensemble des bénéfices pouvant être générés par la coopération entre les individus et les groupes au sein de la société[1].

Enfin, le développement des capacités productives inclut la consolidation du capital institutionnel, notamment à travers le financement par le capital-risque, devenu un instrument central de soutien à l'investissement innovant. Ce mode de financement, fondé sur la prise de risque et le partage des gains et des pertes, répond particulièrement aux besoins des petites et moyennes entreprises confrontées aux limites du financement bancaire traditionnel.

À cet égard, l'expérience malaisienne constitue un exemple particulièrement instructif. Inscrite dans une vision stratégique nationale de long terme (Vision 2020), fondée sur l'articulation entre autonomie économique et ouverture maîtrisée sur l'extérieur, la Malaisie est parvenue, en quelques décennies, à réaliser une transformation structurelle profonde de son économie. Cette trajectoire s'est traduite par des taux de croissance soutenus sur longue période, une amélioration notable des indicateurs sociaux, une maîtrise relative du chômage (1 à 4%) et de l'inflation, ainsi qu'une réduction progressive de la dépendance à l'endettement extérieur. Le recentrage du modèle de développement autour de l'investissement dans le capital humain, de l'encouragement de l'épargne nationale et de l'amélioration du climat des affaires a permis au pays de renforcer sa résilience face aux chocs financiers, d'améliorer la croissance (autour de 6%)[2] et de réduire simultanément pauvreté et chômage.

---

[1] Sophie Ponthieux : *Le capital social*. La découverte- Paris 2006, pages 43 à 74.

[2] Site Trading Economics. Données par pays 1998-2024 et prévisions 2025-2026.

L'expérience de la Corée du Sud constitue un référentiel particulièrement pertinent pour analyser les trajectoires de développement des économies en transition, notamment celle de la Tunisie. À l'instar de cette dernière, la Corée a été confrontée à des contraintes structurelles fortes, incluant le recours aux financements du Fonds Monétaire International et la mise en œuvre de programmes d'ajustement structurel. Toutefois, la divergence des trajectoires entre les deux pays s'explique principalement par la nature des politiques économiques adoptées et leur degré de cohérence stratégique.

En effet, la réussite coréenne repose sur la consolidation d'un « État stratège », caractérisé par une forte capacité de coordination, d'anticipation et d'orientation des ressources vers des secteurs jugés stratégiques. Par contre dans d'autres pays comme la Tunisie, l'intervention publique est demeurée souvent fragmentée et contrainte par des arbitrages de court terme, limitant ainsi son efficacité dans la transformation structurelle de l'économie.

Par ailleurs, l'investissement massif dans le capital humain a constitué un pilier fondamental du décollage coréen. Bien que la Tunisie ait réalisé des progrès significatifs en matière d'éducation et de formation, le lien entre système éducatif et besoins du tissu productif reste insuffisamment articulé, ce qui se traduit par des déséquilibres persistants sur le marché du travail, notamment un chômage élevé des diplômés.

Sur le plan du modèle de croissance, la Corée du Sud a adopté une stratégie d'industrialisation orientée vers l'exportation, adossée à une politique industrielle sélective et à un protectionnisme temporaire visant à soutenir les industries naissantes. La mobilisation de l'épargne nationale a permis de financer l'investissement et de réduire l'endettement extérieur. Le rôle des grands conglomérats industriels a été déterminant dans la réussite coréenne, ces derniers ayant servi de vecteurs d'accumulation, d'innovation et d'internationalisation, comme en témoignent des groupes tels que Samsung ou Kia.

La Turquie peut, quant à elle, être considérée comme une expérience de réussite significative sur une période relativement courte. Elle figure aujourd'hui parmi les principales économies mondiales en termes de produit intérieur brut[1] et a intégré le groupe des pays du G20. La capacité du pays à solder sa dette envers le Fonds Monétaire International au début des années 2010 constitue une réussite remarquable de sa trajectoire de développement. Cette performance s'est traduite par une stabilité politique sur une longue période, une continuité des politiques publiques, un maintien de taux de croissance relativement élevés pendant près de deux décennies[2] et une politique d'investissement orientée vers les infrastructures, l'éducation et les secteurs productifs. Le rôle central accordé aux exportations comme moteur de croissance a permis une augmentation substantielle des recettes en devises, renforçant ainsi la capacité du pays à faire face à ses engagements extérieurs.

Toutes ces expériences internationales réussies servent de modèles de développement pour les économies en transition, mais ne peuvent pas transposables mécaniquement. Ces économies doivent tirer les enseignements nécessaires quant au rôle de l'État, l'importance de l'investissement dans le capital humain et le rôle de la bonne gouvernance dans le développement.

À la lumière de ces expériences internationales réussies, les spécificités nationales peuvent se transformer en facteurs d'enrichissement, de consolidation et de mobilisation du soutien populaire aux projets de développement. Dès lors, la réussite de ce modèle demeure étroitement liée à la capacité de réhabiliter les caractéristiques positives propres aux sociétés arabes et islamiques, et à les traduire concrètement à travers des dispositifs juridiques et institutionnels appropriés. Une telle démarche est de nature à restaurer la vitalité de

---

[1] Liste des pays selon le PIB. Wikipédia, 19 Février 2023

[2] Site Trading Economics. Données par pays 1998-2024 et prévisions 2025-2026

l'économie nationale, à mieux maîtriser le processus d'intégration dans le système de la mondialisation, et à atténuer les tensions entre les mécanismes du marché et les exigences du développement.

Cependant, cette perspective globale et analytique ne saurait être tout à fait complète sans une confrontation directe avec les faits économiques contemporains. Le modèle du capitalisme anglo-saxon a démontré son efficacité allocative, mais s'est brisé sur l'impasse des inégalités extrêmes et des crises de sur-financiarisation (ex. crise des *subprimes* en 2008). Face à cela, le capitalisme d'État (dont la Chine est l'archétype moderne) a prouvé sa capacité à planifier la croissance à long terme et à sortir des millions d'individus de la pauvreté, mais au prix d'une saturation des dettes d'entreprises publiques et d'un manque de flexibilité du marché financier.

Qu'en est-il des pays se voulant inspirés de l'économie islamique ? L'application factuelle au cours des quarante dernières années (notamment au Pakistan, en Iran ou au Soudan) révèle un décalage flagrant entre la théorie normative et la réalité macroéconomique. L'islamisation décrétée du système bancaire dans ces pays n'a souvent abouti qu'à une modification de la nomenclature juridique : le taux d'intérêt a été remplacé par des commissions ou des marges bénéficiaires fixes (*Murabaha* synthétiques), s'apparentant à un mimétisme de la rente financière standard sans réelle prise de risque productive. De plus, ces économies n'ont pas réussi à éradiquer la pauvreté ni à stabiliser l'inflation. Les structures de gouvernance, dans ces pays, se caractérisent d'une bureaucratie lourde, d'une corruption systémique et d'absence de diversification de l'appareil productif. L'échec partiel de ces expériences n'invalide pas les fondements de l'économie de marché islamique, mais démontre qu'en l'absence d'un État de droit transparent et d'une véritable culture de participation (*Musharaka* réelle), les instruments éthiques se transforment en simples outils de blanchiment idéologique.

Section 2 : Les acteurs économiques du modèle

La mise en œuvre effective d'un modèle d'économie de marché islamique suppose, en amont, une clarification rigoureuse des rôles respectifs des principaux acteurs économiques. Il s'agit, en particulier, de définir les fonctions et les responsabilités du secteur privé, de l'État et du secteur public, ainsi que de l'économie sociale et solidaire, dans une logique de complémentarité et de cohérence systémique. Loin d'une opposition entre marché et intervention publique, ce modèle repose sur une articulation équilibrée entre ces trois pôles, chacun contribuant, selon ses spécificités, à la réalisation des objectifs économiques et sociaux du développement.

1. **Le rôle du secteur privé :** Dans le modèle d'économie de marché islamique, le secteur privé occupe une place centrale dans la dynamique de développement. Il constitue le principal moteur de la création de richesse, de l'animation de l'activité économique, de l'amélioration des taux de croissance et, par voie de conséquence, de la réduction du chômage et de la pauvreté. En ce sens, il représente un pilier fondamental du tissu productif et un vecteur essentiel de l'innovation, de l'investissement et de l'emploi.

Dans ce modèle d'économie de marché islamique, le renforcement du rôle et de la performance du secteur privé apparaît dès lors comme un objectif stratégique des politiques économiques. Il suppose la mise en œuvre d'une approche cohérente reposant sur trois axes complémentaires : l'amélioration du climat des affaires, l'accès à des mécanismes de financement adaptés et durables, et l'instauration d'un cadre législatif incitatif favorisant les partenariats intersectoriels.

L'amélioration du climat des affaires constitue une condition préalable au dynamisme du secteur privé. Elle implique la modernisation de l'administration publique, l'adaptation et la simplification de la législation régissant l'activité économique, la fluidification des échanges, la réduction des coûts de transaction, ainsi que la protection des droits de propriété et l'indépendance de la justice. À cet égard, l'intégration des valeurs culturelles et éthiques issues de la référence islamique - telles que l'éthique du travail, la rigueur, l'honnêteté, la responsabilité dans la gestion des ressources et la valorisation du temps - contribue à renforcer la confiance, à améliorer la productivité et à stimuler l'initiative privée. L'expérience internationale montre que les pays qui s'engagent dans des réformes réglementaires pour améliorer l'environnement des affaires et la qualité des services offerts aux investisseurs attirent davantage d'investissements. Plusieurs institutions internationales publient chaque année des indicateurs de mesure de la qualité de l'environnement des affaires dans tous les pays du monde, tels que l'indice de liberté économique (*Economic Freedom Index*), l'indice de compétitivité globale du Forum économique mondial ou encore l'indice *Doing Business* de la Banque mondiale.

L'accès au financement constitue le second levier fondamental, dans ce modèle d'économie de marché islamique, permettant au secteur privé de jouer pleinement son rôle. Aucun projet économique ne peut être concrétisé sans un financement suffisant, stable et adapté à sa nature. À cet égard, le financement islamique présente des spécificités majeures qui le distinguent du financement conventionnel et qui s'inscrivent en cohérence avec les principes du modèle d'économie de marché islamique. Premièrement, la relation entre finance et économie réelle y est profondément repensée : contrairement au modèle conventionnel marqué par la monétisation et la domination de la sphère monétaire, le modèle islamique subordonne la finance à l'économie réelle, faisant du financement un instrument au service de l'activité productive. Deuxièmement, ce système repose sur le principe du partage des risques et des résultats, en rupture avec la logique de transfert du risque inhérente au prêt à intérêt. Cette caractéristique permet de sécuriser l'investissement productif et de mieux aligner les intérêts des financiers à ceux des entrepreneurs. Troisièmement, le financement islamique offre une large gamme d'instruments financiers, allant des produits à rendement fixe et à risque limité - tels que la *Murabaha*, l'*Ijarah,* le *Salam* ou l'*Istisna* - aux produits à rendement variable, plus risqués mais potentiellement plus rémunérateurs - comme la *Mudharaba,* la *Musharaka,* la *Muzaraâ,* la *Mugharasa* ou la *Musaqat.* À ces instruments s'ajoutent les *Sukuk*, qui constituent un outil privilégié pour le financement de projets de grande envergure excédant les capacités du système bancaire classique.

Enfin, le développement du secteur privé requiert un cadre législatif et institutionnel favorable aux partenariats. Les dispositifs juridiques peuvent jouer un rôle déterminant dans l'encouragement des partenariats entre le secteur privé et le secteur public (PPP) pour la réalisation de projets structurants, entre le secteur public et l'économie sociale et solidaire (PPS) pour les projets à forte dimension sociale, ou encore entre les trois secteurs (PPPS) dans le cadre de projets nationaux intégrés associant capital national et investissements étrangers.

2. Le rôle de l'État et du secteur public : L'État occupe, dans le modèle d'économie de marché islamique, une fonction stratégique déterminante, comparable à celle qui prévaut dans l'économie sociale de marché. Cette conception se distingue nettement de l'approche néolibérale, qui tend à marginaliser le rôle de l'État au profit d'une primauté quasi exclusive accordée au marché. Les crises récentes, et en particulier la pandémie de Covid-19, ont mis en évidence les limites de cette approche et ont conduit à une redéfinition du rôle de l'État dans l'économie, en tant qu'acteur central de la régulation des marchés, de la protection des citoyens, de la stabilisation macroéconomique et de la préservation de la cohésion sociale.

Dans ce cadre, l'État assume plusieurs fonctions complémentaires. Il exerce d'abord un rôle stratégique, en définissant les grandes orientations des politiques publiques, en planifiant le développement à moyen et long terme et en assurant la supervision des secteurs stratégiques tels que l'énergie, l'eau, l'électricité, les mines ou les infrastructures clés. Il joue ensuite un rôle régulateur, en intervenant pour fournir les biens et services essentiels que le secteur privé ne peut assurer de manière suffisante ou équitable. Enfin, il remplit une fonction redistributive, en veillant à une répartition juste des ressources.

Ces fonctions se traduisent concrètement par un ensemble de responsabilités fondamentales qui relèvent en premier lieu de l'État. Celui-ci est notamment responsable de la mise à disposition d'infrastructures économiques et sociales adéquates, de la garantie d'une qualité élevée et équitable des services publics essentiels - en particulier dans les domaines de l'éducation, de la santé et des transports - ainsi que de la protection effective des populations vulnérables à travers des politiques et des programmes sociaux ciblés. Dans l'exercice de ces responsabilités, l'État peut recourir à des formes de partenariat avec le secteur privé et l'économie sociale et solidaire, non pas pour s'y substituer, mais afin d'en renforcer l'efficacité, d'en améliorer la mise en œuvre et d'en accroître l'impact socio-économique.

3. Le rôle de l'économie sociale et solidaire : Le secteur de l'économie sociale et solidaire constitue le troisième agent du modèle d'économie de marché islamique. Il regroupe un ensemble d'acteurs non lucratifs ou à lucrativité limitée, tels que les organisations non gouvernementales, les associations, les institutions caritatives, les mouvements civiques et les syndicats. Ce secteur joue un rôle complémentaire à celui de l'État et du marché, en contribuant à la réalisation des objectifs sociaux du développement et à la cohésion sociale.

Dans les sociétés arabes et islamiques, le potentiel de l'économie sociale et solidaire apparaît particulièrement élevé, notamment à travers la réactivation, l'adaptation et la modernisation d'institutions historiques telles que les *Awqaf* (fondations). Ces institutions sont susceptibles de constituer des instruments durables et efficaces de solidarité sociale, de lutte contre la pauvreté, de financement de services collectifs et de dynamisation du marché du travail. En s'inscrivant dans une logique de complémentarité et de coordination avec les secteurs public et privé, l'économie sociale et solidaire contribue ainsi à renforcer le caractère inclusif du développement et à assurer une meilleure articulation entre performance économique, cohésion sociale et équité sociale.

Section 3 : Les politiques conjoncturelles

Les politiques publiques conjoncturelles constituent un levier central dans la transition d'une économie d'endettement, largement fondée sur le financement bancaire à intérêt, vers une économie de participation reposant sur les mécanismes du marché financier et le partage des risques. Cette transition vise à rétablir une articulation saine entre la sphère monétaire et la sphère réelle, en évitant les dérives liées à la financiarisation excessive et à l'autonomisation de la finance par rapport à l'économie productive.

1. Le marché financier dans le modèle islamique : Le marché financier regroupe l'ensemble des dispositifs juridiques, réglementaires et institutionnels mis en place par l'État afin d'opérer la transition progressive d'une économie de la dette vers une économie de participation. Il vise prioritairement à renforcer l'autonomie financière de l'économie nationale, en limitant le recours à l'endettement - en particulier extérieur - pour le financement des investissements publics et privés.

Le marché financier utilise deux instruments complémentaires : la mobilisation de l'épargne nationale et l'attraction de capitaux étrangers, orientées vers l'investissement productif. Dans cette perspective, les fonds d'investissement, les *Sukuk* et les mécanismes de financement participatif (*Crowdfunding*) constituent des instruments essentiels de canalisation de l'épargne vers l'économie réelle. Les formes de financement fondées sur la participation, telles que la *Mudharaba* ou l'agence d'investissement (*Wakala*), s'inscrivent dans une logique d'équité fondée sur le partage des risques et des profits conformément au principe fondamental de la charia selon lequel « Le gain va de pair avec le risque ».

Contrairement aux approches conventionnelles, le modèle d'économie de marché islamique s'appuie sur une conception éthique et fonctionnelle du marché financier, articulée autour de deux arguments majeurs.

D'une part, l'efficacité du marché financier repose sur des échanges d'actions et de titres conformes aux normes islamiques, aux principes éthiques et à la responsabilité sociétale. À cet égard, trois critères fondamentaux sont retenus. Le premier concerne la licéité éthique et religieuse des activités financées, les revenus issus d'activités non licites ne devant pas dépasser un seuil généralement fixé à 5 %, ce qui permet, le cas échéant, la purification des fonds et l'introduction d'une dimension morale dans l'activité financière[1]. Le deuxième critère porte sur le niveau d'endettement, le ratio d'endettement ne devant pas excéder un tiers, conformément aux standards contemporains d'efficacité économique et de soutenabilité financière. Le troisième critère concerne la liquidité monétaire, qui ne doit pas dépasser 50 % afin d'éviter les opérations assimilables à des échanges monétaires à intérêt (*Riba*).

---

[1] Organisation de comptabilité et d'audit des institutions financières islamiques (AAOIFI) : *Normes de la charia - Norme relative aux instruments financiers (actions et obligations).*

D'autre part, l'émission et l'échange de *Sukuk* occupent une place centrale dans ce modèle. Les *Sukuk* représentent des titres de financiers qui représentent des droits de propriété ou d'usage sur des actifs ou des projets tangibles, et non des créances sur un débiteur, avec un rendement directement lié à la performance économique du projet sous-jacent. Ils se distinguent ainsi fondamentalement des obligations conventionnelles à taux d'intérêt fixe. Dans cette logique, il est possible d'envisager des indices de référence alternatifs, fondés sur l'inflation réelle ou sur la performance économique effective, afin de mieux refléter l'esprit du financement islamique. Les *Sukuk* constituent ainsi un instrument privilégié de mobilisation de l'épargne, de financement de l'investissement et de réduction durable de l'endettement public.

2. La politique monétaire : La politique monétaire, dans le cadre du modèle d'économie de marché islamique, vise à réduire progressivement la dépendance au taux d'intérêt (*Riba*) et à instaurer un système fondé sur la participation, le partage des risques et l'ancrage de la monnaie dans l'économie réelle. Le taux d'intérêt apparaît, dans cette perspective, comme un instrument inefficace d'allocation optimale des ressources : un taux élevé pénalise l'emprunteur et freine l'investissement, tandis qu'un taux nul ou négatif pénalise le prêteur et décourage l'épargne. Les expériences récentes montrent d'ailleurs que la stabilité monétaire est généralement associée à des taux d'intérêt réels proches de zéro.

Dans ce cadre, plusieurs principes structurent la politique monétaire islamique. Le financement est prioritairement orienté vers les secteurs productifs, de manière à ce que la croissance de la masse monétaire reste cohérente avec celle du produit intérieur brut. Les banques conventionnelles, lorsqu'elles coexistent avec les banques islamiques, peuvent être encadrées par un taux directeur plafonné à l'inflation réelle. Les banques islamiques, quant à elles, utilisent cette inflation comme référence pour déterminer les rendements de leurs opérations de financement participatif.

Les opérations d'*Open market* constituent également un instrument clé, à travers l'achat et la vente d'actions licites et de *Sukuk*, avec la possibilité d'interactions régulées entre banques conventionnelles et banques islamiques afin d'assurer l'équilibre de la liquidité sur le marché monétaire. Enfin, la gestion des réserves de change s'effectue sur la base de prêts sans intérêt ou d'investissements conformes à la *Charia*, toute pénalité imposée par la banque centrale devant être affectée à des usages d'intérêt public.

3. La politique budgétaire : Les finances publiques, dans le modèle d'économie de marché islamique, renvoient à la gouvernance des ressources publiques, incluant la collecte et l'allocation de la *Zakat*, des impôts et des autres ressources publiques, conformément à l'intérêt général et aux principes de justice distributive. Contrairement aux principes budgétaires classiques fondés sur la fongibilité des ressources, le modèle islamique privilégie le principe d'affectation spécifique des recettes, en particulier celles issues de la *Zakat*, l'impôt n'intervenant qu'en dernier recours pour combler les besoins de financement.

Si le produit global de la *Zakat* ne suffit pas à couvrir les dépenses publiques obligatoires de l'État, il est alors possible de recourir à la fiscalité en instituant un impôt équitable sur les personnes et les entreprises les plus capables, selon le principe du plus apte au plus apte à payer. Cela est conditionné par l'absence de dépenses de luxe et par le fait que cet impôt réponde à un besoin public réel, conformément au *Hadith* « *Il y a, dans les biens, un droit autre que la Zakat* » (rapporté par Al-Tirmidhi, num 659).

La *Zakat* se distingue par la diversité, le renouvellement et la durabilité de ses sources de revenus. Elle n'est pas liée aux besoins de dépenses de l'État, mais plutôt à la dynamique de la production, de l'investissement, de l'accumulation des richesses et de leur circulation. Il s'agit d'un mouvement pluriel qui englobe toutes les formes de richesses, qu'elles soient réelles, financières ou monétaires, et qui se renouvelle au rythme de l'évolution du produit intérieur brut du pays.

Elle revêt également un caractère durable, dans la mesure où ses recettes sont perçues tout au long de l'année fiscale selon la nature des activités et des secteurs économiques. Toutefois, son affectation est strictement orientée vers des catégories spécifiques et des bénéficiaires déterminés.

Les études portant sur l'estimation du produit de la *Zakat* dans les pays arabes et islamiques indiquent que, malgré l'absence d'un cadre institutionnel formel, ce produit peut atteindre jusqu'à 14 % du produit intérieur brut dans les pays pétroliers et 7 % dans les pays non pétroliers[1], ce qui constitue une proportion significative en comparaison avec les recettes fiscales dans les finances publiques contemporaines. Pour cela, il faut distinguer, d'une part, les pays à économie rentière, fondée sur les revenus des ressources extractives telles que le pétrole, le gaz ou le phosphate, qui constituent une source importante de financement public, et, d'autre part, les pays à économie non rentière, dépourvus de telles ressources, qui recourent généralement à la fiscalité pour renforcer leurs recettes. Dans les deux cas, la *Zakat* joue un rôle majeur dans le budget de l'État. Dans les deux cas de pays, la *Zakat* sur les ressources minières, celle de la *Rikaz* au taux de 20 %, contribuerait à lutter contre la pauvreté dans la plupart des pays musulmans.

Le budget de la *Zakat* constitue un mécanisme renouvelable et durable, étroitement lié à la dynamique de production et d'investissement. Sa distribution, religieusement définie par huit catégories dans la *Charia*, peut être interprétée dans une perspective économique contemporaine selon trois fonctions économiques principales.

---

[1] Tahir, Abdullah, *Zakat Revenue and Community Development*, in Economics of Zakat, Jeddah, Islamic Development Bank, 1997, p. 262.

La fonction de réduction de la pauvreté comprend les *Fuqara* (pauvres) et les *Masaakin* (nécessiteux), correspondant à des transferts visant à diminuer les inégalités de revenu et la vulnérabilité économique et sociale.

La fonction de stabilisation socio-économique regroupe les *Gharimoun* (endettés insolvables), *Ibn as-Sabil* (voyageurs en difficulté) ainsi que les *Fi Al-Ruqab* (personnes en servitude ou contraintes extrêmes), réinterprétés aujourd'hui comme des mécanismes de sortie des contraintes structurelles et de réintégration socio-économique.

La fonction de cohésion sociale et d'intérêt collectif concerne les *Amiloun Alyha* (agents chargés de la collecte), les *Muallafatu Qulubuhum* (personnes dont les cœurs sont à réconcilier) - assimilés à des transferts de consolidation du capital social - et les dépenses *Fi Sabilillah* (dans la voie de Dieu), incluant l'éducation et la défense, assimilables à des investissements dans les biens collectifs et le capital social.

Selon les études sur l'économie islamique, la *Zakat* constitue un instrument de redistribution et de protection sociale. Chapra (1992, 1993)[1] met en avant son rôle dans la réduction de la pauvreté et la mise en place de la justice sociale. Kahf (2000)[2] souligne son impact sur la redistribution des ressources au profit des plus démunis. Mannan (1987)[3] insiste sur son rôle central dans la cohésion sociale et la stimulation de l'activité économique, tandis que Al-Qaradawi (2000)[4] montre que les huit catégories de bénéficiaires doivent être comprises selon leurs fonctions économiques et sociales, révélant un modèle précoce de politique sociale intégrée.

---

[1] Chapra, M. U. (1993). *Islam and Economic Development: A Strategy for Development with Justice and Stability*. Leicester: Islamic Foundation

[2] Kahf, M. (2000). *Zakah*. Jeddah: Islamic Research and Training Institute, Islamic Development Bank.

[3] Mannan, M. A. (1987). *Islamic Economics: Theory and Practice*. London: Kegan Paul International.

[4] al-Qaradawi, Y. (2000). *Fiqh al-Zakah* (M. Kahf, Trans.). Jeddah: Islamic Book Service.

Lorsqu'elle est efficacement gérée, la *Zakat* peut ainsi couvrir une part importante des fonctions sociales de l'État et contribuer à réduire substantiellement le recours à la fiscalité, tout en consolidant la solidarité et la stabilité économiques au sein de la communauté.

Le budget de la fiscalité, quant à lui, vise à promouvoir la justice sociale tout en soutenant l'activité économique, conformément à la pensée d'Ibn Khaldoun selon laquelle « *le peu prélevé sur beaucoup rapporte beaucoup, et le beaucoup prélevé sur le peu rapporte peu* ». Cette politique repose sur la réduction des taux d'imposition, l'élargissement de l'assiette imposable.

Das le cadre du modèle d'économie de marché islamique, le budget de la fiscalité peut être structuré autour de quatre sous-budgets. Le premier concerne les salaires et les transferts sociaux, financés par l'impôt sur le revenu et les taxes indirectes, et ajustés en fonction de l'inflation afin de préserver le pouvoir d'achat. Le deuxième sert à financer la consommation publique, par les excédents du premier budget et par les recettes douanières. Le troisième sous-budget est dédié à l'investissement et au développement, financé par les recettes liées à l'investissement - notamment l'impôt sur les sociétés, les dividendes et les concessions - dans le but de stimuler l'investissement privé et promouvoir la croissance. Enfin, le budget de la dette n'intervient qu'en dernier recours pour assurer l'équilibre budgétaire.

Section 4 : Les politiques structurelles et sectorielles

Les politiques publiques structurelles constituent un levier essentiel pour construire l'autonomie productive et la compétitivité d'un pays dans le cadre d'un modèle d'économie de marché islamique. L'objectif central est de transformer l'économie d'un modèle dépendant de l'importation de matières premières et semi-produits vers une économie productive et exportatrice, et d'un modèle basé sur la sous-traitance internationale vers un modèle intégré à forte valeur ajoutée et à taux d'intégration élevé.

La majorité des pays islamiques ne souffrent pas d'une rareté de ressources, mais de leur exploitation inefficace ; c'est pourquoi les politiques structurelles doivent reposer sur une vision intégrée, prenant en compte la position géo-économique du pays, sa participation aux chaînes de valeur mondiales, et le renforcement des capacités dans tous les secteurs clés.

L'efficacité de ces politiques repose sur le développement et la mobilisation coordonnée de différents types de capital, considérés comme des leviers transversaux et essentiels à l'autonomie productive et au développement inclusif.

Le capital humain constitue le fondement de toute capacité productive. Son développement passe par la modernisation de l'enseignement et de la formation professionnelle, l'adaptation des contenus pédagogiques aux évolutions scientifiques et technologiques, la digitalisation de l'apprentissage et l'institutionnalisation des standards internationaux. L'investissement dans le capital humain permet d'améliorer la qualité de la main-d'œuvre dans tous les secteurs - agricole, industriel et de services - et d'améliorer la qualité des services dans le domaine de la santé, de l'éducation et des transports, ce qui attire les investissements et favorise la croissance économique durable.

Le capital scientifique et technologique repose sur la production de la connaissance, de l'innovation et de la recherche appliquée. Il constitue la principale source de richesse et de compétitivité dans l'économie contemporaine. En favorisant le développement de solutions technologiques et organisationnelles dans tous les secteurs, ce capital permet de créer de la valeur ajoutée, d'optimiser la production, et de soutenir des industries à fort contenu intellectuel et innovant, telles que le logiciel, les services financiers et les technologies de production avancée.

Le capital social englobe les relations, la confiance et la coopération entre individus et les institutions. Il est un déterminant essentiel de la productivité et de l'efficacité des interactions économiques et sociales. Un capital social solide facilite la coordination entre le secteur public, le secteur privé et l'économie sociale et solidaire, permettant une mise en œuvre efficace des politiques publiques et une meilleure cohérence entre performance économique et justice sociale.

Le capital institutionnel représente les structures et les mécanismes permettant le financement et la gestion de projets à haut risque et à fort rendement, notamment par le biais du capital-risque. Ce type de capital est essentiel pour soutenir les investissements innovants et stratégiques dans tous les secteurs, en permettant aux investisseurs d'assumer les risques tout en contribuant à la création de la valeur collective.

Ces différents types de capital s'articulent et se complètent pour stimuler la productivité et l'autonomie dans tous les secteurs économiques. L'application concrète de ces politiques se traduit par des stratégies sectorielles adaptées :

En agriculture, la politique vise à moderniser les exploitations, à intégrer les nouvelles technologies, à valoriser les produits agricoles et à développer l'industrie agro-alimentaire. L'exploitation durable des ressources locales, telles que les eaux minérales, les forêts et les richesses géologiques, contribue à créer des projets à forte valeur ajoutée et à stimuler le développement local.

En industrie, la valorisation des ressources locales permet de réduire la dépendance aux importations, de renforcer les exportations et de consolider l'autonomie sectorielle. L'intégration des capitaux humain, scientifique, social et institutionnel dans la stratégie industrielle permet de développer des capacités productives innovantes et compétitives.

Dans le secteur des services et des territoires locaux, l'investissement dans les infrastructures, la qualité des services publics et la gouvernance locale favorise le développement inclusif et soutient l'attractivité économique.

L'ensemble de ces actions structurelles peut être évalué et suivi grâce à des indicateurs synthétiques tels que l'indice de complexité économique (*Economic Complexity Index, ECI*). Cet indice mesure la diversité et le degré de sophistication des produits d'un pays et reflète la capacité de l'économie à produire des biens à forte valeur ajoutée, à diversifier son offre et à s'intégrer efficacement dans les chaînes de valeur mondiales. L'amélioration de l'ECI traduit non seulement l'expansion productive et sectorielle, mais aussi l'efficacité des politiques de développement du capital humain, scientifique, social et institutionnel.

CHAPITRE V

Les objectifs économiques et sociaux du modèle islamique

Le modèle d'économie de marché islamique vise trois objectifs principaux : éradiquer la pauvreté, réduire le chômage et contrôler l'inflation, dans le but de garantir un niveau de vie digne et durable pour l'ensemble de la population.

Section 1 : L'éradication de la pauvreté

La définition du concept de pauvreté varie selon les contextes géographiques et historiques, mais elle se rapporte en tout état de cause à la privation des moyens nécessaires pour satisfaire les besoins fondamentaux de l'être humain.

La jurisprudence islamique stipule que le seuil de pauvreté correspond à l'incapacité de posséder le *Nisab* de la *Zakat*, ce qui indique que l'individu ne dispose pas de ressources financières suffisantes, tout en étant dans l'incapacité de travailler ou de générer des revenus autres que ceux du travail[1]. Les juristes de la charia islamique distinguent le *Faqîr* (pauvre) du *Miskîn* (indigent) : le premier étant celui qui ne possède pas de revenu annuel suffisant, tandis que le second ne dispose pas des moyens nécessaires pour subvenir à ses besoins quotidiens[2].

Le critère distinctif entre pauvreté et richesse repose donc sur la capacité de détenir l'équivalent du *Nisab* de la *Zakat*, un indicateur scientifique et objectif, dans la mesure où il prend

[1] Al-Luh, Abd al-Salam Hamdan, and Anbar, Mahmoud Hashim, *Addressing the Problem of Poverty: An Objective Qur'anic Study*, Journal of the Islamic University (Islamic Studies Series), 17(1), January 2009, p. 320 (paraphrased/adapted).

[2] Al-Dasuqi, Muhammad 'Arafa, *Hashiyat al-Dasuqi 'ala al-Sharh al-Kabir li al-Dardir*, vol. 1, Beirut, Dar al-Kutub al-'Ilmiyya, p. 493.

en considération les différences de contexte entre les pays et entre les périodes historiques. Ce concept reflète ce que l'on appelle le « seuil de suffisance », soit un concept qui reflète les différents indicateurs retenus dans la définition du développement humain.

En outre, la pauvreté dépasse le simple concept contemporain de « seuil de subsistance », tel que défini dans les approches économiques contemporaines, notamment celle de la Banque mondiale, qui définit la pauvreté comme « l'incapacité d'atteindre un niveau de vie minimum », fixé à deux dollars par jour et par individu[1].

La plupart des études récentes ont élargi la portée du concept de pauvreté au-delà de sa dimension strictement économique pour englober d'autres dimensions humaines. Dans ses rapports récents, la Banque mondiale a ainsi étendu la définition de la pauvreté afin d'y inclure l'éducation et la santé. Ce concept peut aussi inclure l'impuissance, l'oppression et la censure et le sentiment d'insécurité.

La pauvreté constitue l'un des principaux défis auxquels sont confrontés de nombreux pays, indépendamment de leur niveau de développement économique et social. Son éradication représente une priorité centrale des politiques et stratégies de développement dans tous les pays du monde et exige la réduction du taux de chômage, l'amélioration du niveau des revenus et la réalisation des différentes formes de sécurité, notamment la sécurité alimentaire et sanitaire et la lutte contre les différentes formes de criminalité surtout dans les sociétés les plus vulnérables.

En prenant en considération ces différentes dimensions de la pauvreté multidimensionnelle, le modèle d'économie de marché islamique appelle à une approche intégrée et systémique du phénomène de la pauvreté, englobant

---

[1] Dans son rapport, *Pauvreté et prospérité partagée,* de 2018, la Banque mondiale a fixé le seuil international de pauvreté à 1,90 dollar par personne et par jour, sur la base des facteurs de conversion en parité de pouvoir d'achat (PPA) de 2011

l'ensemble des déséquilibres économiques et sociaux qui lui sont associés et visant à en réduire l'ampleur de manière durable. Cette orientation s'explique par les limites des approches traditionnelles, fondées sur l'efficacité des transferts financiers internationaux à destination des pays à faible revenu, sous forme de dons ou de prêts, qui n'ont pas permis, à ce jour, de réduire significativement la pauvreté à l'échelle mondiale. Au contraire, ces mécanismes ont contribué à la persistance, voire à l'aggravation, du phénomène de la pauvreté dans de nombreux pays arabes et musulmans.

Le modèle d'économie de marché islamique repose sur une approche duale combinant, d'une part, la mobilisation des instruments conventionnels de lutte contre la pauvreté et, d'autre part, le recours à des mécanismes non conventionnels fondés sur les prescriptions du Coran et de la Sunna. Les instruments conventionnels renvoient aux politiques visant à soutenir la croissance économique, à promouvoir le développement humain et à améliorer le bien-être social. Quant aux instruments non conventionnels, s'inscrivant dans une perspective islamique, ils permettent d'éradiquer les causes structurelles de la pauvreté. Ceux-ci se répartissent entre, d'une part, des instruments qui relèvent du rôle de l'État dans la garantie d'un seuil de suffisance, la mise en œuvre du système de la *Zakat* y compris la *Zakat* de *Rikaz*, et d'autre part, des instruments qui relèvent du rôle de la société civile et du secteur de l'économie sociale et solidaire, tels que les dépenses charitables, les dons (*Sadaqat*), la solidarité sociale, le prêt sans intérêt (*Qardh Hasan*) et le *Waqf*, ainsi que d'autres mécanismes efficaces.

1. Les instruments conventionnels de lutte contre la pauvreté : ils désignent les mécanismes couramment utilisés dans le système économique traditionnel, parmi lesquels figurent :

Premièrement, l'allocation efficiente des ressources vers des usages productifs, plutôt que vers des finalités de consommation, constitue un levier fondamental de soutien à une croissance économique inclusive. Cette orientation implique la mise en œuvre de politiques publiques visant à améliorer durablement les conditions de vie et à favoriser la création d'emplois, en particulier au bénéfice des populations vulnérables. À cet égard, ces politiques englobent notamment la valorisation du travail, la promotion des activités artisanales, le développement des petites et moyennes entreprises, ainsi que le renforcement du développement rural et du secteur agricole, en parallèle avec une meilleure orientation des flux d'investissement vers les régions défavorisées.

En dépit de l'impact limité de telles politiques sur la réduction de la pauvreté, la poursuite des efforts dans cette voie demeure nécessaire afin de permettre aux autres instruments d'atteindre leurs objectifs.

Deuxièmement, l'investissement dans le capital humain à travers l'accroissement des dépenses consacrées à l'éducation, à la formation et à la santé, ainsi que la garantie d'un accès à une alimentation suffisante et saine, en particulier dans les régions les plus pauvres.

Troisièmement, l'augmentation des transferts sociaux au profit des catégories les plus défavorisées de la société, ainsi que la rationalisation des subventions, en vue de passer d'un soutien aux produits - dont les bénéfices profitent davantage aux catégories aisées - à un soutien direct aux individus, de manière à couvrir l'ensemble des groupes nécessiteux tout en garantissant un ciblage effectif des bénéficiaires.

2. Les instruments islamiques de réduction de la pauvreté : Dans la conception islamique, est considéré comme pauvre tout individu ne disposant pas de ressources suffisantes pour couvrir ses besoins essentiels, ce que l'on désigne par le » seuil de suffisance », correspondant à ce qui a été précédemment défini comme la possession de l'équivalent du *Nisab* de la *Zakat* sur une année. Cette situation correspond, dans l'analyse économique moderne, à celle de tout individu qui consomme tout son revenu et est incapable d'épargner.

Ce seuil varie en fonction des contextes sociaux et des niveaux de vie. Il peut, dans certains cas, être estimé à un niveau inférieur au *Nisab* de la *Zakat*, et, dans d'autres, à l'équivalent des besoins annuels de subsistance. Dès lors, il importe de souligner le rôle de l'État dans la garantie de ce seuil pour chaque individu au sein de la société, ce qui permet de réduire la pauvreté.

Le modèle d'économie de marché islamique adopte une approche qui tient compte des différentes définitions de la pauvreté, tout en s'inspirant des instruments de lutte contre la pauvreté mis en œuvre tout au long de l'histoire de la civilisation islamique. Certaines expériences se sont révélées particulièrement efficaces, notamment celles des califes Omar ibn al-Khattab et Omar ibn Abd al-Aziz, qui ont permis de réduire de manière significative l'incidence de la pauvreté et d'en traiter les causes structurelles, assurant ainsi une amélioration durable des conditions socio-économiques de leurs populations.

Les instruments mobilisés dans ce cadre peuvent être classés en deux catégories : préventifs et correctifs.

Les instruments préventifs concernent, d'une part, la valorisation du travail et la lutte contre le chômage et la mendicité, et, d'autre part, la lutte contre la corruption sous toutes ses formes, considérée comme à l'origine de l'ensemble des problèmes économiques. Ils incluent également l'attention portée par l'État à la répartition équitable des richesses et à l'organisation rigoureuse des transactions, afin de prévenir la propagation de l'injustice au sein de la société.

Quant aux instruments correctifs, ils comprennent à la fois des mécanismes obligatoires et volontaires. Parmi les instruments obligatoires, la *Zakat* occupe une place centrale en tant que levier efficace dans la lutte contre la pauvreté, complétée par d'autres dispositifs tels que la *Zakat al-fitr*, les dépenses obligatoires, le système de l'héritage, ainsi que l'imposition fiscale en cas d'insuffisance des recettes *zakatiennes.*

Les instruments volontaires englobent le système de solidarité sociale, les dons charitables (*Sadaqat*), la prise en charge des membres de la famille, le *Waqf*, le prêt sans intérêt (*Qardh Hasan*), ainsi que d'autres mécanismes islamiques complémentaires.

De nombreuses études récentes sur le rôle de la *Zakat* indiquent que les recettes provenant de cette dernière représentent entre 4 % et 7 % du produit intérieur brut (PIB) dans l'ensemble des pays islamiques non producteurs de pétrole, ce qui correspond approximativement au déficit moyen des budgets de la plupart de ces pays. Dans ces États non producteurs de pétrole, la *Zakat* constitue entre 16 % et 44 % des recettes publiques totales[1], ce qui en fait une ressource significative et l'un des principaux leviers financiers de l'État.

Dans les pays islamiques producteurs de pétrole, la *Zakat* représente entre 10 % et 14 % du PIB, ce qui constitue également une part très importante des ressources publiques de ces États.

Le rôle de la *Zakat* dans la lutte contre la pauvreté repose sur sa nature obligatoire comme acte financier obligatoire pour les riches dont les biens et les avoirs dépassent le seuil du *Nisab* ou du seuil de pauvreté : « *Allah a prescrit aux riches, de leurs biens, ce qui suffit aux besoins des pauvres* »[2]. Elle concerne toutes les catégories de richesses et s'adresse à l'ensemble des personnes nécessiteuses : « *Les aumônes ne sont destinées qu'aux pauvres, aux indigents, à ceux qui sont chargés de les administrer, à ceux dont les cœurs doivent être rapprochés, pour l'affranchissement des*

---

[1] Tahir, Abdullah, *Zakat Revenue and Community Development*, Jeddah, Islamic Development Bank, 1st edition, 1989.

[2] Al-Tabarani, Abu al-Qasim Sulayman ibn Ahmad, *Al-Mu'jam al-Kabir*, Beirut, Dar al-Kutub al-'Ilmiyya, vol. X, p. 454.

esclaves, pour les endettés, dans le sentier d'Allah et pour le voyageur » (Sourate At-Tawbah, 60).

La pauvreté est souvent considérée comme l'objectif principal de la *Zakat*, en raison de son rôle fondamental dans la création de richesse, la stimulation de la production et la lutte contre la thésaurisation. Elle mobilise l'épargne et l'oriente vers des investissements productifs : « *Traitez avec les biens des orphelins de manière à ce que la Zakat ne les consomme pas* »[1]. Par ailleurs, la *Zakat* contribue à transformer les pauvres aptes au travail en acteurs productifs et à renforcer le pouvoir d'achat de la monnaie, en transférant les ressources vers les populations défavorisées à forte propension marginale à consommer, qui les utilisent pour satisfaire leurs besoins essentiels.

Les fonds de la *Zakat* peuvent également être orientés vers le financement des petites et micro-entreprises, en particulier au bénéfice des familles pauvres, en leur fournissant des outils artisanaux, du capital commercial ou d'autres moyens de production. De plus, les fonds publics issus de la *Zakat* peuvent être investis dans des fonds d'investissement et souverains supervisés par l'État, afin de soutenir le développement, réduire la pauvreté et le chômage, et promouvoir une croissance inclusive et durable[2].

Les jurisconsultes préconisent l'obligation de prélever la *Zakat* du *Rikaz* sur le pétrole, le gaz et autres ressources extractives, considérées comme des ressources nécessitant le paiement du *Khums*, soit 20 % des revenus[3]. Dans certains pays arabes et islamiques, l'État possède des richesses

---

[1] Malik ibn Anas, *Al-Muwatta'*, Beirut, Dar al-Kutub al-'Ilmiyya (or other edition used), p. 597.

[2] Il s'agit d'une approche contemporaine qui distingue entre les fonds publics investis et les fonds publics non investis. Alors que la *Zakat* n'est pas permise sur ces derniers, certains auteurs considèrent qu'elle peut être prélevée sur les fonds publics investis. Pour plus de détails, voir : Al-Fawzan, Salih, *Zakat on State Funds : A Juristic Study*, Journal of the Saudi Jurisprudence Association, issue 16, 2013.

minérales et souterraines sur lesquelles la *Zakat* doit être appliquée, afin que leurs revenus soient destinés aux pauvres ou utilisés pour l'intérêt général.

De manière générale, la *Zakat*, lorsqu'elle est acquittée conformément à la prescription divine et gérée avec efficacité, transparence et compétence, est suffisante pour éradiquer la pauvreté et les injustices sociales. Certains pays arabes et islamiques disposent de ressources naturelles considérables, génératrices de revenus *zakatables* importants, qui leur permettraient non seulement de supprimer la pauvreté à l'intérieur de leurs frontières, mais également de contribuer à la réduction de la pauvreté dans d'autres pays.

Cependant, dans le cas où les fonds de la *Zakat* ne suffiraient pas à éradiquer la pauvreté, il est nécessaire de recourir à l'impôt, en se fondant sur le hadith : « *Il y a dans la richesse un droit (ou un devoir) autre que la Zakat* ». L'État doit alors veiller à instaurer des impôts justes, capables de couvrir les dépenses publiques et les besoins essentiels, sans alourdir le fardeau des pauvres et des catégories de revenu limité, afin de ne pas aggraver la pauvreté. Le calife Omar ibn al-Khattab fut le premier à instituer la perception de fonds prélevés sur la population en sus de la *Zakat*, tels que le *Kharaj*.

Section 2 : La réduction du chômage

Le chômage demeure l'un des défis les plus complexes auxquels font face les économies, qu'elles soient développées ou émergentes. Il représente l'une des problématiques économiques contemporaines les plus préoccupantes et les plus difficiles à résoudre, le système capitaliste ayant évolué d'un modèle théorique de plein emploi vers une logique d'acceptation de la persistance du chômage.

En dépit de l'importance de ce problème structurel, la théorie économique traditionnelle n'a pas apporté des solutions pertinentes pour éradiquer la pauvreté. Le courant néolibéral, aujourd'hui dominant à l'échelle mondiale, considère le chômage comme un problème individuel, imputable à ses victimes. Selon cette approche, les chômeurs seraient des « chômeurs volontaires », n'ayant pas su s'adapter aux exigences du marché du travail, aux conditions de la concurrence et à la mondialisation, ou ayant refusé des rémunérations jugées proportionnelles à leur effort ou à leur productivité. Dans ce cadre, ils doivent supporter seuls le fardeau du chômage et chercher eux-mêmes des solutions. Cette perspective classique admet ainsi l'impossibilité d'éliminer totalement le chômage et justifie l'acceptation d'un taux minimal de chômage jugé comme chômage structurel.

Dans la réalité, certains pays ont réussi à réduire le chômage et à le maintenir à des niveaux acceptables, tandis que d'autres ont échoué à mettre en place des solutions efficaces. La maîtrise de ce phénomène dépend de l'efficacité des programmes et des politiques économiques déployés, et c'est cette approche pragmatique que nous adoptons dans le cadre du modèle de l'économie de marché islamique tout en respectant les finalités de celui-ci.

1. Les définitions du chômage entre économie conventionnelle et économie islamique : Selon l'Organisation internationale du travail (OIT), le chômage désigne la situation d'une personne en âge de travailler, disponible pour travailler et activement à la recherche d'un emploi rémunéré, mais qui n'en trouve pas. Le chômeur est donc défini comme toute personne qui est capable de travailler, souhaite travailler, recherche activement un emploi et est prête à l'accepter au salaire courant, sans toutefois en obtenir. Sur cette base, certains économistes libéraux considèrent que le taux de chômage naturel se situe en dessous de 5 %, et certains estiment qu'un taux inférieur à 4 % ne peut être considéré comme du chômage. Ces mêmes économistes estiment qu'un taux de chômage de 15 % constitue un signal de crise économique, pouvant engendrer des tensions sociales[1].

[1] PHELPS, Edmund S., *Inflation Policy and Unemployment Theory*, Londres, Macmillan, 1972).

Alors que la définition classique du chômage l'associe à l'absence d'un emploi approprié ou d'un salaire adéquat, la définition islamique limite le chômage aux individus incapables de subvenir à leurs besoins par le travail. Cette distinction constitue un point essentiel pour l'élaboration de solutions efficaces et adaptées. Par ailleurs, d'autres différences apparaissent entre les deux approches : une personne considérée comme chômeur dans l'économie traditionnelle peut, selon l'économie islamique, être jugée comme manquant à ses responsabilités ou faisant preuve de paresse, et peut donc être tenue responsable de sa situation.

Ces distinctions reflètent une conception élargie et normative du travail dans l'islam, qui dépasse la simple contrepartie monétaire pour intégrer toute activité générant une contrepartie, qu'elle soit matérielle ou spirituelle. Ainsi, l'approche islamique reconnaît comme travail les activités bénévoles, les fonctions exercées dans le secteur caritatif sans rémunération, ainsi que les tâches domestiques effectuées par les femmes au foyer ou les membres de la famille, sans les considérer comme chômeurs. Cette perspective met en évidence que le concept islamique de travail est à la fois éthique, social et économique, et qu'il inclut la responsabilité individuelle et collective dans la production de valeur au sein de la société.

Dans le cadre de l'économie de marché islamique, les chômeurs peuvent être classés en deux grandes catégories. La première regroupe les chômeurs volontaires ou « paresseux », ce sont des individus disposant des capacités physiques et des moyens matériels nécessaires pour travailler, mais qui refusent de le faire et choisissent délibérément le chômage. Selon la perspective islamique, ce refus n'est tolérable que pour les mineurs ou les personnes incapables, en raison d'un handicap physique ou mental. La deuxième catégorie comprend les chômeurs involontaires, qui cherchent activement un emploi mais ne parviennent pas à en trouver, en raison de contraintes économiques telles que la récession, les crises structurelles ou la faillite de leur employeur. Cette classification souligne que l'économie de marché islamique distingue clairement la responsabilité individuelle du contexte structurel, permettant ainsi d'orienter des politiques ciblées de réduction du chômage et de protection sociale adaptées à chaque situation.

2. Les principales causes du chômage : Les causes du chômage varient d'une économie à une autre en fonction de leurs spécificités structurelles, institutionnelles et conjoncturelles. Néanmoins, son intensification, aussi bien dans les pays développés que dans les pays en développement, met en évidence les insuffisances du modèle d'économie de marché libéral en matière d'allocation des ressources. En particulier, les orientations des politiques économiques ont favorisé le développement du secteur financier au détriment de l'économie réelle, ce qui a réduit la capacité des systèmes économiques à générer des emplois et à absorber efficacement la main-d'œuvre disponible.

Dans les pays en développement, les causes du chômage sont principalement liées à l'inadéquation entre les modèles de développement adoptés et les dotations factorielles disponibles. En effet, ces modèles reposent souvent sur des fonctions de production privilégiant le facteur capital, pourtant relativement rare dans la plupart de ces économies, notamment dans les pays non producteurs de pétrole, au détriment du facteur travail ou du capital humain, pourtant abondant.

Dans cette perspective, une fonction de production plus adaptée aux économies en développement devrait accorder une importance accrue au capital humain, ce qui implique une réorientation des investissements vers des secteurs à forte intensité de main-d'œuvre, plutôt que vers des activités fortement capitalistiques, reposant sur un capital souvent importé. Par ailleurs, l'inadéquation entre les politiques éducatives et les besoins du marché du travail constitue un facteur explicatif majeur du chômage, en particulier parmi les diplômés de l'enseignement supérieur.

Parmi les déterminants structurels du chômage figurent l'insuffisance des politiques de développement du capital humain ainsi que les déséquilibres dans l'allocation sectorielle de la main-d'œuvre, notamment le poids excessif de l'emploi public, souvent associé à des inefficiences productives et à une faible qualité des services rendus. Par ailleurs, le progrès technologique, lorsqu'il est biaisé en faveur du capital, peut engendrer des effets de substitution du capital au travail, contribuant ainsi à une augmentation du chômage structurel.

En outre, la faiblesse de la croissance économique, résultant de politiques macroéconomiques et structurelles inadaptées - caractérisées notamment par une pression fiscale élevée, des taux d'intérêt réels dissuasifs pour l'investissement privé, ainsi que par des rigidités institutionnelles et réglementaires limitant l'initiative privée - constitue un facteur déterminant de la persistance du chômage, en réduisant la capacité d'absorption de la main-d'œuvre par l'économie.

3. Les effets économiques et sociaux du chômage : D'un point de vue économique, le chômage résulte d'une combinaison de faible croissance économique et de recul de l'investissement privé, entraînant une réduction du stock de capital et du Produit Intérieur Brut, et, par conséquent, une baisse du revenu par habitant. Cette situation accentue les déséquilibres budgétaires : les recettes fiscales diminuent en raison de la contraction de l'activité économique, tandis que les dépenses publiques augmentent pour financer les transferts sociaux aux chômeurs, aggravant ainsi le déficit budgétaire.

L'aggravation du chômage entraîne une insécurité économique accrue et favorise la prolifération de la corruption financière et administrative, ainsi que l'expansion de la pauvreté. Ces phénomènes compromettent la stabilité économique et exacerbent les tensions sociales, ce qui a des répercussions négatives tant sur le fonctionnement de l'État que sur la cohésion sociale. Le chômage prolongé peut également menacer la paix sociale en favorisant les grèves et les manifestations, tout en incitant un nombre croissant de talents et de compétences scientifiques à l'émigration, à la recherche de nouvelles sources de revenus et d'opportunités professionnelles.

Le chômage engendre également des conséquences sociales, familiales et psychologiques importantes. Il provoque des privations et une baisse du niveau de revenu, et peut inciter certains chômeurs à recourir à la consommation d'alcool et de drogues. Ces comportements peuvent conduire à des états de dépression, à un sentiment d'aliénation sociale et à une marginalisation progressive. Par ailleurs, le chômage prolongé favorise parfois la violence, la criminalité et les comportements extrémistes, compromettant ainsi la cohésion sociale et la stabilité des sociétés.

4. Une approche islamique de lutte contre le chômage :

Dans le modèle de l'économie de marché islamique, le travail est considéré comme un acte sacré, dont l'accomplissement correct et diligent est récompensé par Dieu. Le chômage, la mendicité, l'oisiveté et la paresse sont donc systématiquement réprouvés. Le chômage ne résulte pas seulement d'une abondance de main-d'œuvre ou d'une rareté des opportunités d'emploi, mais découle principalement d'une mauvaise allocation des ressources humaines et matérielles. Dans de nombreux pays où la main-d'œuvre est abondante, les investissements sont souvent orientés vers des secteurs intensifs en capital plutôt qu'en travail, limitant ainsi la création d'emplois et accentuant le chômage structurel.

Outre les causes objectives précédemment évoquées, la répartition inéquitable des richesses ainsi que les comportements économiques illicites - tels que le monopole, la corruption, la thésaurisation et d'autres pratiques non conformes à la loi islamique - constituent des facteurs majeurs favorisant le chômage.

Le modèle de l'économie de marché islamique considère également que l'absence de solidarité et de mécanismes de soutien mutuel, qu'ils soient obligatoires ou volontaires, peut accentuer le phénomène du chômage. Dans ce cadre, le système de la *Zakat*, en tant qu'obligation religieuse, fournit aux chômeurs, et notamment aux plus démunis, une source régulière de revenu. Par ailleurs, les instruments volontaires tels que les aumônes (*Sadaka*), les prêts sans intérêt (*Qardh Hasan*) et d'autres formes de soutien social destinés aux pauvres et aux indigents contribuent à réduire l'exclusion sociale et peuvent participer à l'atténuation du chômage.

Ainsi, le chômage est non seulement un problème lié à la pénurie d'emplois ou à la mauvaise allocation des ressources, mais il résulte également de pratiques économiques non éthiques et de l'absence de solidarité sociale.

5. Le cadre islamique préventif de lutte contre le chômage : Le cadre préventif se réfère à l'ensemble des politiques et mesures visant à prévenir le chômage et à se prémunir contre ses effets néfastes. Il englobe les stratégies adoptées pour faire face au ralentissement économique et à la montée du chômage, notamment par la stimulation de la production et l'encouragement à l'investissement. Dans le modèle de l'économie de marché islamique, ces politiques visent non seulement à créer des opportunités d'emploi, mais également à garantir une utilisation optimale des ressources humaines et matérielles.

Dans la législation islamique, des directives et des interdictions sont prévues concernant la nécessité de l'investissement et de la dépense, notamment l'interdiction de la thésaurisation, l'obligation de la *Zakat* sur toutes les formes de richesse, la lutte contre les comportements monopolistiques sur les différents marchés, ainsi que le soutien aux individus ou aux institutions subissant des pertes accidentelles et indépendantes de leur volonté à travers des mécanismes de compensation (par exemple, le fonds pour les endettés, *Masrif Al-Gharimin*).

Le marché du travail reflète l'ensemble des autres marchés, et toute perturbation de leurs équilibres se répercute directement sur la dynamique de l'emploi. Par conséquent, toute politique de prévention du chômage doit tenir compte de ces interactions et viser une régulation harmonieuse des marchés, en conformité avec les principes éthiques propres à l'économie islamique.

Ce cadre préventif inclut également la lutte contre les pratiques monopolistiques et le gaspillage de certains produits de base, considéré comme un comportement de consommation non maîtrisé, susceptible de nuire à l'activité productive.

Les directives économiques islamiques en matière de consommation reposent sur un principe fondamental : conjuguer modération et rationalisation. La modération favorise l'équilibre des marchés, tant au niveau de la production que du commerce. La rationalisation consiste à adopter une consommation rationnelle et non abusive, évitant le gaspillage et privilégiant les biens et services réellement utiles, contribuant ainsi à un fonctionnement efficace et éthique de l'économie.

6. Les mécanismes de réduction du chômage dans le modèle de l'économie de marché islamique : il regroupe l'ensemble des mécanismes et mesures opérationnelles visant à contenir le chômage et à en limiter la propagation.

Ce cadre préventif se traduit par la définition du rôle de l'État dans la création d'un environnement propice à l'emploi. A ce propos, l'État joue un rôle central dans la lutte contre le chômage, il doit offrir des opportunités d'emploi pour les demandeurs et garantir un climat d'affaires favorable à l'investissement et à la création d'emploi dans le secteur privé.

Cette responsabilité constitue l'une des fonctions principales de l'État dans le modèle de l'économie de marché islamique. Comme l'a souligné le calife Omar ibn al-Khattab : « *Dieu nous a investis de la responsabilité de veiller sur les individus afin d'assurer leur sécurité alimentaire, de pourvoir à leurs besoins essentiels et de garantir leurs moyens de subsistance. Lorsque l'État fournit ces ressources, il attend de la population qu'elle en fasse un usage responsable. Sachez que les mains ont été créées pour travailler : si elles ne trouvent pas d'emploi dans des activités licites et productives, elles chercheront des occupations nuisibles ou improductives. Il incombe donc à l'État de canaliser cette énergie vers des activités utiles et socialement constructives afin de prévenir l'exclusion, le chômage et ses conséquences sociales.* »

Cette recommandation reflète un principe fondamental du modèle islamique : chaque individu a le droit au travail et l'État a le devoir d'assurer un environnement propice à l'emploi. Elle met également en lumière la dimension sociale du chômage : l'inactivité non canalisée peut générer des comportements préjudiciables à la société et compromettre la cohésion sociale.

En outre, l'octroi de prêts par les banques publiques et privées constitue un instrument efficace pour financer les investissements et générer des emplois. Le calife Omar ibn al-Khattab, par exemple, a mis à disposition des agriculteurs en Irak des fonds du Trésor public (*Bayt Al-Mal*) afin de leur permettre d'exploiter leurs terres et d'accroître la production agricole. Selon Abu Yusuf[1] : « *En Islam, l'État octroie à toute personne incapable de subvenir à ses besoins un prêt suffisant prélevé sur les fonds publics afin qu'elle puisse entreprendre une activité productive* ». En Islam, l'État supervisait également la mise en valeur des terres inexploitées selon le principe du *Hima*, selon lequel « *Celui qui met en valeur une terre en friche en devient propriétaire* ». Omar ibn al-Khattab soulignait aussi l'équité dans l'allocation des ressources : « *Personne n'a plus droit à ces fonds qu'un autre ; chaque individu a sa part* ».

La redistribution de la *Zakat* en faveur des personnes endettées contribue également à la réduction du chômage en protégeant les individus et les entreprises surendettés du

[1] Abu Yusuf Ya'qub ibn Ibrahim, *Kitab al-Kharaj (The Book of Taxation)*, translated by A. Ben Shemesh, Leiden, E.J. Brill, 1969.

risque de faillite. Cela permet de maintenir en activité les entreprises en difficultés et de préserver l'emploi au sein de ces entités économiques. Par ailleurs, la distribution de la *Zakat* aux pauvres, aux indigents, à ceux dont les cœurs doivent être réconciliés et aux agents chargés de sa gestion stimule la consommation et, par conséquent, la demande globale, ce qui encourage davantage l'investissement, la production et la création d'emploi. Ainsi, en transférant des ressources des riches, dont la propension marginale à consommer est faible, vers les pauvres, dont la propension marginale à consommer est élevée, la *Zakat* accroît le niveau de demande effective dans l'économie.

La mise en valeur des terres en friche, selon le principe du *Hima*, constitue aussi un mécanisme efficace pour créer de l'emploi. Ces terres, relevant de la propriété publique, peuvent être attribuées par l'État à toute personne qui s'engage à les exploiter, générant ainsi des créations de richesses et d'emplois.

Parmi les autres instruments disponibles, le contrat de *Mudharaba* occupe, lui aussi, une place particulière dans la législation islamique. Ce contrat financier établit un partenariat entre le capital, celui qui fournit les ressources financières ou matérielles, et le travail, en procédant à un partage des bénéfices entre ces deux facteurs de production. La *Mudharaba* favorise alors la création d'une base productive solide et offre des emplois productifs.

Le *Waqf*, qu'il soit à finalité productif ou social, joue également un rôle important dans la lutte contre le chômage. Les institutions relevant du *Waqf* mobilisent la main-d'œuvre dans divers domaines, notamment pour les fonctions de supervision et de gestion, ainsi que pour la fourniture de services productifs et sociaux, ce qui offre des opportunités importantes d'emplois.

Par ailleurs, la mise en place de centres *Waqf* dédiés à la formation et à l'éducation contribue au développement des compétences, les préparant ainsi à occuper les métiers les plus demandés sur le marché du travail. Le *Waqf* joue également un rôle stratégique dans le financement du développement et la lutte contre la thésaurisation. En complément de la *Zakat* obligatoire, cette forme d'aumône volontaire permet de libérer les capitaux et les biens immobiliers, incitant leurs détenteurs à les mobiliser pour des projets productifs et pour le développement économique et social. Ce mécanisme favorise ainsi la création d'emplois, stimule l'activité économique et concilie bénéfices matériels et valeur éthique et spirituelle.

Un mécanisme important dans le modèle d'économie de marché islamique est le soutien à l'initiative privée et à l'auto-emploi. Cet aspect est illustré par un épisode significatif impliquant le Prophète Mohammed avec un homme Anṣar (partisan de Muhamed), lorsque ce dernier vint trouver le Prophète Muhammad afin de solliciter une aide matérielle. Plutôt que de lui accorder un don direct, le Prophète l'interrogea sur les biens dont il disposait. L'homme répondit qu'il possédait un tissu qu'il utilisait à la fois comme vêtement et comme couverture, ainsi qu'un récipient destiné à boire. Le Prophète lui demanda alors d'apporter ces objets, qu'il mit en vente publiquement. Après une mise aux enchères, ces biens furent cédés pour deux dirhams. Le Prophète orienta ensuite l'allocation de cette somme : une partie fut consacrée à l'achat de nourriture pour subvenir aux besoins immédiats, tandis que l'autre servit à acquérir un outil de production, en l'occurrence une hache. Il enjoignit ensuite à l'homme de couper du bois et de le vendre, en l'invitant à ne revenir qu'après un certain temps. À son retour, l'homme avait généré un revenu lui permettant d'améliorer sa condition. Le

Prophète souligna alors la supériorité de cette démarche fondée sur le travail et l'autonomie par rapport à la mendicité[1].

Ce récit, présente un intérêt analytique majeur en ce qu'il met en évidence une modalité d'intervention économique fondée non sur l'assistance directe, mais sur l'activation des capacités productives de l'individu. L'approche adoptée consiste à mobiliser des ressources initialement peu valorisées, à les convertir en capital monétaire, puis à orienter leur usage selon une logique combinant satisfaction des besoins immédiats et investissement productif.

Ce mécanisme révèle une structuration implicite de l'allocation des ressources dans le temps, articulant court terme et long terme, consommation et production. Il traduit également une volonté explicite d'inscrire l'individu dans une dynamique d'auto-emploi, en favorisant son insertion dans le circuit économique par l'exercice d'une activité génératrice de revenu.

Dans le cadre théorique proposé par Amartya Sen, une telle démarche peut être interprétée comme un processus d'expansion des capabilités (Sen, 1999[2]). En effet, l'intervention ne se limite pas à un accroissement ponctuel du revenu, mais vise à élargir les libertés réelles de l'individu, en renforçant sa capacité à transformer ses ressources en opportunités effectives. L'accès à un outil de production constitue, dans cette perspective, un facteur clé de conversion des ressources en moyens de production, en offrant à l'agent la possibilité d'exercer une activité économique autonome.

Ce récit met en lumière plusieurs dimensions centrales de l'approche par les capabilités : la transformation de ressources limitées en opportunités économiques réelles, le renforcement de l'autonomie individuelle, la réduction de la dépendance à l'assistance, ainsi que la valorisation du travail comme vecteur

---

[1] *Hadith* rapporté notamment par Sunan Abi Dawud (Kitāb al-Zakāt) et Jami` at-Tirmidhi.

[2] Sen, A. (1999). *Development as Freedom*. New York: Knopf

de dignité (Sen, 1985[1] ; Sen, 1999). Elle s'inscrit alors dans une logique de développement qui privilégie la responsabilisation et l'inclusion productive.

7. Les enseignements des expériences internationales réussies : Il s'agit des expériences suivantes :

L'expérience malaisienne constitue un cas particulièrement instructif. En mobilisant le cadre analytique du « carré magique » :de Nicholas Kaldor (1971)[2], qui évalue la performance macroéconomique à l'aune de quatre objectifs fondamentaux - croissance économique, équilibre extérieur, stabilité des prix et plein emploi -, la Malaisie apparaît comme une économie émergente ayant réalisé des performances remarquables sur l'ensemble de ces dimensions.

Contrairement à de nombreux pays ayant privilégié des politiques restrictives, la Malaisie a adopté une stratégie de développement fondée sur des programmes nationaux cohérents, inscrits dans une vision de long terme, notamment à travers l'initiative « Malaysia 20-20 ». Cette orientation stratégique s'est traduite par des résultats significatifs : un taux de croissance moyen d'environ 6 % au cours des deux dernières décennies, culminant à 8,7 % en 2022[3] ; un excédent de la balance des paiements supérieur à 14 milliards de dollars la même année ; et un taux d'inflation maîtrisé autour de 3 %.

Par ailleurs, la Malaisie se distingue par ses performances en matière d'emploi, avec un taux de chômage particulièrement faible, compris entre 1 % et 4 % au cours des deux dernières décennies, et établi à 3,6 % en 2022.

Ces résultats s'expliquent en grande partie par la clarté de la vision stratégique et par la mise en œuvre de réformes économiques centrées sur le capital humain. Le pays a notamment favorisé le développement de projets d'envergure à forte intensité de main-d'œuvre, recouru à des mécanismes

---

[1] Sen, A. (1985). *Commodities and Capabilities*. Amsterdam, North-Holland.

[2] Nicholas Kaldor (1971). *Conflicts in National Economic Objectives*. The Economic Journal, Vol. 81, No. 321.

[3] Données de la Banque Mondiale, Groupe de la Banque Mondiale, 2022.

d'échange alternatifs (notamment le troc dans certaines phases), et conclu des accords commerciaux ciblés. Parallèlement, les pouvoirs publics ont engagé des politiques actives de lutte contre la corruption et les pratiques monopolistiques, contribuant ainsi à porter le taux d'épargne nationale à des niveaux soutenus, comparables - voire supérieurs - à ceux observés dans plusieurs économies avancées.

En outre, la Malaisie a su préserver une relative autonomie dans la conduite de sa politique économique, notamment grâce à une gestion prudente de sa dette extérieure, sans recourir à une augmentation significative de la pression fiscale ni à des politiques d'austérité. Elle a également mis en place un environnement institutionnel et réglementaire favorable à l'attraction des investissements directs étrangers. L'investissement dans le capital humain a constitué un pilier central de cette stratégie, en particulier à travers l'allocation d'une part substantielle du budget public au secteur de l'éducation. Par ailleurs, la valorisation des ressources naturelles nationales - telles que l'huile de palme, le caoutchouc et le bois - a contribué à soutenir la croissance.

Dans une perspective de limitation du recours à l'endettement extérieur, la Malaisie a diversifié ses sources de financement, notamment par le développement des instruments de la finance islamique, incluant les institutions bancaires, les compagnies d'assurance (*Takaful*), l'émission de *Sukuk* et la mise en place de mécanismes institutionnalisés de collecte et de redistribution de la *Zakat*.

Par ailleurs, en dépit des séquelles de la Guerre de Corée, la Corée du Sud offre également un exemple probant de réussite en matière de réduction du chômage. Son expérience présente des similitudes avec celle de nombreux pays en développement, notamment en ce qui concerne le recours aux programmes du Fonds monétaire international et la mise en œuvre de politiques d'ajustement structurel. Toutefois, la Corée du Sud s'est distinguée par sa capacité à adapter ces prescriptions aux spécificités de son contexte national. En l'espace de quatre décennies, elle a opéré une transformation structurelle profonde, passant d'une économie à dominante agricole à une économie industrialisée, fondée sur les secteurs manufacturier et minier. Ce processus a permis au pays d'évoluer d'une situation de pauvreté marquée, caractérisée notamment par des épisodes récurrents de pénurie alimentaire, vers le statut de grande puissance économique mondiale, malgré une faible dotation en ressources naturelles.

La Corée du Sud est parvenue à enregistrer parmi les taux de croissance les plus rapides depuis les années 1960 jusqu'à la première décennie du XXIe siècle, s'imposant ainsi comme le chef de file des « tigres asiatiques ». La Corée du Sud a réussi à dégager un excédent de sa balance courante grâce à une campagne nationale au cours de laquelle 3,5 millions de citoyens coréens ont fait don d'au moins 227 tonnes d'or qu'ils conservaient à domicile, afin d'aider leur État à rembourser les dettes extérieures contractées à l'époque auprès du Fonds monétaire international.

La Corée du Sud est parvenue aussi à maîtriser l'inflation en maintenant l'un des taux les plus faibles au monde (2,5 % en 2021). Elle a, en outre, réussi à contenir le chômage au cours des deux dernières décennies, avec un taux qui varie entre 2 % et 4 % (2,8 % en 2022)[1]. Ce succès repose sur un ensemble cohérent de politiques et de mesures, parmi lesquelles une bonne protection des entreprises contre la faillite et le soutien à celles qui s'engagent à préserver l'emploi, notamment à travers des aides financières, des mécanismes de financement ou des systèmes d'assurance-emploi. Un appui de l'État à la création de nouvelles entreprises afin de générer des opportunités d'emploi supplémentaires et le développement des compétences des chômeurs et l'élargissement des réseaux de réinsertion professionnelle. Un soutien financier important et une protection sociale ont été

[1] Données de la Banque Mondiale, Corée du Sud, 2022

accordé aux chômeurs de longue durée, couvrant les besoins essentiels de santé et d'éducation et une instauration d'un dispositif d'assurance des travailleurs visant, d'une part, à accompagner les demandeurs d'emploi par le biais d'allocations de chômage et, d'autre part, à renforcer la stabilité de l'emploi tout en améliorant la productivité de la main-d'œuvre.

Le Japon s'est transformé en un véritable miracle économique après sa défaite dans la Seconde Guerre mondiale, ayant entraîné une destruction quasi totale de son territoire. Cette mutation a permis au pays d'enregistrer des performances remarquables et d'opérer un repositionnement significatif sur la scène internationale, au point d'occuper la troisième place mondiale durant plusieurs décennies.

Le Japon a amorcé ce processus à travers une stratégie de reconstruction et de transformation structurelle profonde, passant d'une économie fondée sur l'agriculture traditionnelle à une économie industrielle avancée, reposant sur des technologies de pointe. Ce modèle de développement s'est appuyé sur l'amélioration de la productivité et la promotion des exportations, dans le cadre d'un schéma ancré dans les valeurs et l'éthique japonaises. Il a permis au Japon de maintenir un rythme de croissance relativement stable au cours des trois dernières décennies, avec des taux s'établissant à 4,1 % en 2010, 2,6 % en 2021 et 1 % en 2022. Le Japon a également enregistré un excédent de sa balance des paiements au cours des deux dernières décennies (18 milliards de dollars en 2023). Par ailleurs, le pays a pu maîtriser l'inflation, atteignant même des niveaux négatifs en 2021 (-0,7 %), sans dépasser un plafond de 2,5 % (en 2022)[1].

Toutefois, la réussite la plus notable du Japon réside dans sa capacité à contenir le chômage. L'économiste japonais Makio Yamada, dans son ouvrage intitulé « The Transition

[1] Données de la Banque Mondiale, Japon, 2022

System from School to Work »[1], met en évidence la manière dont le Japon est parvenu à atteindre un taux de chômage de 1 %, grâce à l'articulation étroite entre le système éducatif et les programmes de formation en entreprise.

Ce système de transition, qui a fait ses preuves, s'est accompagné d'un ensemble de mesures complémentaires. Celles-ci reposent notamment sur la promotion des petites entreprises et sur l'incitation des grandes firmes à recourir à la sous-traitance industrielle, à travers des relations contractuelles avec des PME à forte intensité de main-d'œuvre. Par ailleurs, ce dispositif a intégré la mise à disposition d'informations essentielles au profit des demandeurs d'emploi, via la création de réseaux d'information étendus destinés à soutenir les petites et moyennes entreprises.

En outre, le Japon a mis en place un système d'éthique du travail visant à ancrer un ensemble de valeurs, telles que la loyauté, le sens du sacrifice, la justice, la courtoisie, la probité, l'humilité, l'honneur, l'empathie envers autrui, ainsi que la sobriété dans les dépenses, la discipline personnelle et la maîtrise de soi. Enfin, le pays est parvenu à assurer une répartition territoriale relativement équilibrée des activités économiques, en favorisant l'implantation des entreprises aussi bien dans les zones rurales que dans les espaces urbains, contribuant ainsi à un développement régional harmonieux.

---

[1] Yamada, Makio, *How Did Japan Achieve a 1% Unemployment Rate ?: Facilitating the Education-to-Employment Transition.* King Faisal Center for Research and Islamic Studies, Riyadh, 2017.

Section 3 : La lutte contre l'inflation

L'inflation demeure un défi structurel majeur pour les économies, qu'elles soient émergentes ou avancées, et les politiques traditionnelles ont rarement permis de la contenir efficacement. Elle se définit comme une augmentation soutenue du niveau général des prix, entraînant une perte de pouvoir d'achat de la monnaie et affectant la stabilité économique et sociale (FMI, 2022, Banque mondiale, 2021).

Les approches théoriques divergent quant à ses causes. L'école monétaire considère l'inflation comme un phénomène essentiellement lié à l'expansion de la masse monétaire, résumée par la formule : « trop de monnaie poursuit trop peu de biens et de services ». Dans ce cadre, le contrôle de l'inflation repose principalement sur la politique monétaire, notamment la gestion des taux d'intérêt et des instruments de régulation de la liquidité.

En revanche, la nouvelle école keynésienne souligne le rôle des déséquilibres réels de l'économie. Elle met en évidence une relation inverse entre inflation et chômage, illustrée par la courbe de Phillips. La lutte contre l'inflation, selon cette approche, nécessite des mesures coordonnées de politique monétaire et budgétaire : ajustement des taux d'intérêt, réduction de la fiscalité, ou stimulation de l'investissement public et privé pour soutenir l'offre et la demande globale.

Ainsi, une approche intégrée combinant outils monétaires et actions sur l'économie réelle est essentielle pour maîtriser l'inflation tout en préservant la croissance et la stabilité économique.

1. L'inflation dans la perspective islamique : Contrairement à l'approche libérale traditionnelle, l'inflation n'est pas considérée dans la perspective islamique comme un phénomène purement monétaire. Elle se rapproche davantage de l'approche keynésienne, qui la perçoit comme étroitement liée à l'économie réelle et devant être traitée principalement par ses instruments propres (Chapra, 2000,

Iqbal and Molyneux, 2005)[1]. Dès lors, s'en remettre uniquement au taux d'intérêt constitue une option incorrecte, comme l'ont montré de nombreuses expériences pratiques où cette approche a conduit à des conséquences économiques néfastes.

La raison en est simple : le taux d'inflation est l'un des composants du taux d'intérêt réel, tandis que le taux d'intérêt constitue lui-même un élément de l'inflation, représentant le coût supporté par l'investisseur pour financer son projet. Il fait donc partie du problème et ne peut être considéré comme une solution.

Ainsi, les principaux facteurs de l'inflation ne sont pas nécessairement d'ordre strictement monétaire. La dimension monétaire de l'inflation résulte principalement d'un excès de crédit accordé par l'État à des fins de consommation ou par les institutions publiques à des projets non productifs. Par ailleurs, plusieurs facteurs liés à l'économie réelle contribuent également à l'inflation : l'inflation importée, causée par la hausse des prix mondiaux de l'énergie et des biens importés ; l'augmentation des salaires sans amélioration correspondante de la productivité ; l'aggravation du déficit commercial ; la hausse des impôts et des prélèvements fiscaux ; ainsi que les obstacles administratifs et un climat d'investissement défavorable.

Une approche intégrée, combinant la régulation de la masse monétaire et des réformes structurelles favorisant la productivité et l'investissement, s'avère donc conforme aux principes de l'économie islamique et aux recommandations des institutions économiques internationales.

2. Les conséquences économiques de la hausse du taux d'intérêt : À la lumière de cette approche multidimensionnelle de l'inflation, le recours exclusif au taux d'intérêt pour la contrôler ne conduit pas automatiquement à

[1] Chapra, M. U. (2000), *The Future of Economics: An Islamic Perspective*, Leicester: The Islamic Foundation.

la stabiliser et peut, au contraire, produire des effets inverses, voire alimenter l'inflation plutôt que de la contenir.

L'augmentation du taux d'intérêt entraîne un renchérissement du coût de l'emprunt pour les ménages et du coût de financement pour les entreprises. Cette hausse se répercute négativement sur les moteurs de la consommation et de l'investissement, conduisant à une augmentation du coût de production et, par conséquent, à la hausse des prix. Elle accroît également le coût du service de la dette intérieure et contribue à l'aggravation de l'endettement extérieur, ce qui freine la croissance économique et réduit les ressources fiscales de l'État.

En outre, un taux d'intérêt élevé peut augmenter le coût de financement des emprunts extérieurs de l'État sur les marchés internationaux et auprès des institutions financières, aggravant le déficit budgétaire et poussant à recourir davantage à l'endettement, entraînant un cercle vicieux de surendettement.

Un usage excessif des instruments monétaires peut également provoquer des situations de stagflation, c'est-à-dire la coexistence du ralentissement économique et de l'inflation, comme cela a été observé dans plusieurs pays en développement.

La persistance de l'inflation favorise la détention de biens réels et immobiliers au détriment de la monnaie, et entraîne une perte de confiance dans la monnaie nationale, incitant les agents économiques à se tourner vers les devises étrangères et à se défaire de la monnaie locale dépréciée par l'inflation.

Enfin, l'inflation peut réduire la compétitivité des entreprises sur les marchés internationaux, diminuer les exportations et aggraver le déficit commercial, contribuant ainsi à la dépréciation de la monnaie nationale et à l'aggravation de l'inflation.

3. Une approche islamique de lutte contre l'inflation : La solution fondamentale pour lutter contre l'inflation réside dans le traitement de ses causes, qui se situent en grande partie dans la sphère réelle. Plus l'économie réelle se développe par rapport à l'économie monétaire, plus l'inflation est contenue. Ainsi, la relance de l'investissement et l'augmentation de la production entraînent nécessairement une diminution de l'inflation. Une réduction du taux d'intérêt diminue le coût de financement de l'investissement et incite à entreprendre des projets productifs, ce qui se traduit directement par une hausse de la production.

Dans ce cadre d'analyse, les politiques de Quantitative Easing mises en œuvre par la plupart des pays avancés en 2024 pour sortir du ralentissement économique causé par la combinaison de la crise sanitaire et du conflit en Ukraine illustrent l'efficacité des mesures pour stimuler l'investissement et la production. Parmi ces mesures, le recours des banques centrales, aux États-Unis et dans l'Union européenne, à la baisse des taux directeurs.

Dans le modèle d'économie de marché islamique, la maîtrise de l'inflation exige des mesures qui ciblent la sphère réelle, en particulier celles qui stimulent l'investissement privé : amélioration du climat des affaires, augmentation des dépenses publiques d'investissement et orientation des crédits vers les secteurs productifs via la création de banques d'investissement et de fonds spécialisés. Contrairement à l'approche libérale, la sphère monétaire influence la sphère réelle, non pas à travers le taux d'intérêt, mais par le taux de rendement.

Ainsi, pour lutter contre l'inflation, le modèle d'économie de marché islamique propose les mesures suivantes :

- L'amélioration du climat des affaires à travers la réduction du nombre de procédures administratives, la limitation des délais d'attente, la lutte contre les pratiques monopolistiques, et diminution des impôts et taxes indirects, particulièrement la taxe sur la valeur ajoutée.

- La réduction progressive de l'usage du taux d'intérêt comme instrument de la politique monétaire à travers l'adoption d'un système de financement hybride priorisant les institutions créatrices d'actifs, telles que le capital-risque, les institutions de leasing, les fonds d'investissement et les institutions spécialisées dans des secteurs clés (agriculture, industrie, télécommunications, énergie renouvelables).
- Le développement des instruments de financement et d'investissement islamiques basés sur les actifs et qui ne génèrent pas de création monétaire excessive. Ces instruments limitent la croissance de la masse monétaire et contribuent à contenir les vagues inflationnistes tout en améliorant la croissance économique.
- L'appui aux institutions financières islamiques qui se réfèrent aux coûts de financement fixes, ce qui est bénéfique aux ménages et aux entreprises. Dans ce cas, toute hausse du taux d'intérêt repositionne les banques islamiques au détriment des banques classiques.
- Encourager le financement basé sur le profit (vente) plutôt que sur le prêt à intérêt, afin de stimuler la circulation du capital financier, dynamiser le commerce, élargir l'économie réelle et valoriser le capital humain et financier. Les instruments à rendement variable, tels que la *Mudharaba*, la *Mucharaka* et les contrats agricoles, ne génèrent pas de création monétaire excessive et contribuent à absorber la liquidité excédentaire, ce qui permet de contenir l'inflation.
- L'activation du financement social non lucratif (*Qard Hasan*, *Waqf*), puisque ce type de financement peut contribuer à réduire l'inflation. Le développement du secteur, y compris le *Waqf* monétaire via la création de banques *Waqf* et l'émission de *Sukuk Waqf*, permet de financer des projets sociaux tout en contribuant à réduire la liquidité sur le marché monétaire. Le financement social contribue également à alléger les dépenses publiques de l'État et, par conséquent, à mieux contrôler le déficit budgétaire, renforçant ainsi l'efficacité des politiques de lutte contre l'inflation.

- L'émission des *Sukuk* d'investissement gouvernementaux à rendement élevé, qui absorbent la liquidité et offrent à l'État des sources de financement non inflationnistes. Ces *Sukuk* contribuent à canaliser la liquidité vers la sphère réelle, limitant ainsi les causes de l'inflation.
- L'instauration de la *Zakat* comme outil de régulation de l'épargne et de mobilisation des fonds vers l'investissement. L'État peut ajuster le calendrier de perception de la *Zakat* pour stimuler ou ralentir la circulation monétaire, tout en orientant les fonds vers les institutions qui ne favorisent pas la consommation excessive, telles que les projets sociaux, caritatifs ou de soutien aux entreprises en difficulté.
- La promotion des systèmes de troc et d'échanges commerciaux bilatéraux avec les partenaires, afin de réduire les pressions sur les réserves de change, ce qui permet de maitriser l'inflation.

CHAPITRE VI

Les mécanismes de mise en œuvre du modèle d'économie de marché islamique

Après avoir présenté les fondements doctrinaux et les principes structurants de l'économie de marché islamique, il devient nécessaire d'examiner les mécanismes concrets permettant sa mise en œuvre dans la réalité économique contemporaine. En effet, un modèle économique ne peut être évalué uniquement à travers ses références théoriques ou ses finalités éthiques ; sa pertinence dépend également de sa capacité à proposer des instruments opérationnels capables de répondre aux défis du développement, de la stabilité financière, de la justice sociale et de la souveraineté économique.

L'économie de marché islamique ne constitue pas une rupture totale avec les mécanismes modernes de l'échange et de l'investissement, mais plutôt une réorientation profonde des comportements économiques autour des principes de transparence, de partage des risques, de responsabilité sociale et de limitation de la spéculation improductive. Elle vise ainsi à concilier efficacité économique et finalité morale dans le cadre d'un système où le marché demeure un espace de liberté économique, mais encadré par des règles éthiques destinées à préserver l'intérêt collectif.

La mise en place d'un tel modèle nécessite toutefois des transformations progressives et multidimensionnelles. Il ne s'agit pas d'une transition instantanée ou purement idéologique, mais d'un processus graduel impliquant des réformes juridiques, institutionnelles, bancaires et financières capables d'assurer la stabilité économique et la confiance des acteurs. Cette transition doit permettre une coexistence temporaire entre les mécanismes conventionnels et les instruments islamiques afin d'éviter les déséquilibres susceptibles d'affecter le financement de l'économie, l'épargne ou les investissements.

Au-delà de la question de la transition, l'économie de marché islamique prétend également offrir des réponses structurelles à plusieurs problématiques majeures auxquelles sont confrontées les économies contemporaines, notamment la corruption, la faiblesse de la croissance, la dépendance financière extérieure et l'endettement excessif. À travers ses principes de gouvernance, de traçabilité des transactions, d'interdiction de l'enrichissement sans contrepartie productive et de responsabilité dans l'usage des ressources publiques, ce modèle cherche à instaurer un environnement économique davantage fondé sur l'intégrité et la confiance.

Par ailleurs, la promotion de l'investissement productif, du partage des profits et des pertes, ainsi que l'orientation de la finance vers l'économie réelle, constituent des leviers susceptibles de stimuler une croissance plus inclusive et plus durable. Dans cette perspective, la souveraineté nationale ne se limite pas à une dimension politique ; elle englobe également la capacité d'un pays à réduire sa vulnérabilité financière, à limiter sa dépendance à l'endettement extérieur et à renforcer son autonomie économique à travers des mécanismes de financement compatibles avec ses priorités de développement.

Ce chapitre analyse ainsi les principaux mécanismes opérationnels du modèle d'économie de marché islamique à travers quatre axes complémentaires. La première section est consacrée à la problématique de la transition progressive vers ce modèle et aux différentes étapes juridiques, bancaires et financières qu'elle implique. La deuxième section examine le rôle des principes de l'économie islamique dans la lutte contre la corruption et le renforcement de la transparence économique. La troisième section étudie les mécanismes susceptibles de stimuler la croissance et l'investissement productif, tandis que la quatrième section traite de la question de la souveraineté nationale et de la réduction de l'endettement dans le cadre d'une économie davantage fondée sur l'autonomie financière et la mobilisation des ressources internes.

Section 1 : Le processus de la transition progressive

La transformation d'un système économique conventionnel vers une économie de marché islamique constitue un processus de réorganisation institutionnelle et financière qui exige une adaptation progressive des structures existantes. Une telle mutation ne peut être envisagée sous la forme d'un remplacement immédiat des mécanismes conventionnels, compte tenu des interdépendances entre les institutions bancaires, les marchés financiers, les agents économiques et les engagements contractuels déjà établis. La logique de transition graduelle apparaît ainsi comme une nécessité technique, juridique et macroéconomique destinée à préserver la continuité des activités économiques et la stabilité du système financier.

Cette démarche suppose la mise en place d'un cadre de transformation cohérent reposant sur des réformes normatives, des mécanismes d'accompagnement institutionnel ainsi qu'une adaptation progressive des comportements économiques et financiers. L'existence de standards internationaux élaborés par l'AAOIFI et l'IFSB fournit, dans ce contexte, une référence importante pour l'organisation du processus de transition, l'harmonisation des pratiques et le renforcement de la crédibilité du système émergent.

Dans cette perspective, le processus de transition vers une économie de marché islamique peut être analysé à travers trois dimensions complémentaires et interdépendantes : une transition juridique visant l'adaptation du cadre réglementaire et institutionnel, une transition bancaire portant sur la transformation des établissements financiers et des mécanismes d'intermédiation, ainsi qu'une transition financière orientée vers la restructuration progressive du système monétaire et des modes de financement de l'économie.

1. La transition juridique : La première dimension de cette transformation concerne l'évolution du cadre juridique et réglementaire. La coexistence temporaire entre les mécanismes conventionnels et les mécanismes islamiques constitue, dans la pratique, une étape incontournable permettant d'éviter les ruptures institutionnelles et les déséquilibres économiques. Cette phase transitoire conduit à l'émergence d'un système dual dans lequel les deux modèles opèrent simultanément selon des règles de fonctionnement différenciées mais juridiquement coordonnées.

La réforme législative doit alors porter sur plusieurs niveaux. Elle implique, d'une part, la reconnaissance juridique des contrats islamiques et des modes de financement conformes à la charia et, d'autre part, l'adaptation du droit bancaire, commercial, fiscal et financier aux spécificités de ces nouveaux instruments. Cette évolution nécessite également la définition de mécanismes de supervision adaptés aux activités islamiques afin d'assurer la sécurité des transactions, la protection des déposants et la stabilité du système financier.

La création d'instances spécialisées de contrôle charaïque constitue, à cet égard, un élément central du dispositif institutionnel. Ces organes ont pour fonction d'évaluer la conformité des opérations financières aux principes de la jurisprudence islamique tout en contribuant à l'unification des pratiques et à la réduction des divergences d'interprétation susceptibles d'affecter la confiance des investisseurs et des opérateurs économiques.

2. La transition bancaire : Le secteur bancaire représente l'espace principal dans lequel s'opère la transformation effective du système financier. La conversion des établissements conventionnels vers des structures islamiques implique des modifications profondes touchant à la fois les modèles d'affaires, les instruments financiers, les procédures de gestion et les mécanismes de gouvernance.

La norme n°6 de l'AAOIFI encadre ce processus de conversion en définissant les principales étapes nécessaires à la réorganisation des établissements concernés. La première étape consiste généralement en un audit global des activités existantes afin d'identifier les opérations incompatibles avec les principes de la finance islamique et d'évaluer les besoins techniques, organisationnels et humains liés à la transformation.

Cette phase préparatoire conduit ensuite à l'élaboration d'un programme de conversion définissant les objectifs stratégiques, les échéances opérationnelles et les ressources nécessaires à la transition. Elle s'accompagne de la mise en place d'un comité charaïque chargé de superviser la conformité des produits financiers et d'orienter la restructuration des activités bancaires.

Le processus de transformation implique également le remplacement progressif des instruments fondés sur le taux d'intérêt par des mécanismes de financement reposant sur l'économie réelle et le partage des risques. Les contrats participatifs, les opérations de *Murabaha*, les mécanismes d'Ijara ainsi que les instruments d'investissement conformes à la charia deviennent alors les principaux supports de l'activité bancaire.

Cette mutation nécessite parallèlement une révision des systèmes de gestion des risques afin de tenir compte des spécificités de la finance islamique, notamment en matière de liquidité, de rentabilité des actifs et de partage des pertes éventuelles. Elle suppose également l'adoption des normes comptables et prudentielles de l'AAOIFI ainsi que la modernisation des systèmes d'information et de contrôle interne.

La réussite de cette transition dépend en grande partie de la qualité des ressources humaines et de la capacité des institutions à diffuser une culture financière adaptée aux nouvelles pratiques. Des programmes de formation spécialisés deviennent ainsi indispensables pour accompagner les employés, renforcer les compétences techniques et faciliter l'intégration des nouveaux instruments financiers dans les opérations quotidiennes.

La mise en œuvre opérationnelle de la conversion s'effectue généralement de manière graduelle à travers l'introduction progressive des produits islamiques, l'évaluation continue des performances et l'ajustement des procédures en fonction des contraintes observées. Des audits réguliers ainsi que des mécanismes permanents de certification permettent de garantir le maintien de la conformité et la consolidation progressive du nouveau modèle bancaire.

La durée de cette transformation varie selon plusieurs facteurs, notamment la taille des établissements concernés, la complexité de leurs opérations, le niveau de préparation institutionnelle et l'environnement réglementaire national. Les expériences observées montrent que le processus complet de conversion peut s'étendre sur plusieurs années avant d'aboutir à une transformation intégrale des activités bancaires.

3. La transition financière : La transformation du système financier constitue l'étape la plus délicate de la transition en raison de ses implications sur la politique monétaire, le financement de l'économie, la dette publique et le fonctionnement des marchés financiers. L'objectif recherché consiste à construire progressivement un système fondé sur des mécanismes de financement compatibles avec les principes de la finance islamique tout en préservant les équilibres macroéconomiques et la stabilité des circuits de financement.

Les expériences internationales montrent que cette transformation ne peut être réalisée selon une logique de rupture immédiate. Les pays ayant développé un secteur financier islamique ont généralement adopté une approche graduelle fondée sur la coexistence temporaire des deux systèmes. Cette orientation a notamment été suivie par la Malaisie, la Turquie et l'Indonésie.

Le modèle de transition financière peut être structuré autour de quatre séquences principales.

La première phase correspond à la préparation institutionnelle et réglementaire du système islamique. Elle vise à créer les conditions juridiques et techniques nécessaires au développement des activités financières islamiques sans remettre en cause le fonctionnement du système conventionnel existant. Cette étape comprend notamment l'autorisation des fenêtres islamiques au sein des banques conventionnelles, la création d'autorités charaïques nationales et l'introduction progressive d'instruments financiers islamiques tels que les *Sukuk* souverains.

La deuxième phase repose sur l'organisation d'un système dual caractérisé par la coexistence des secteurs conventionnel et islamique. La banque centrale doit alors adapter ses mécanismes de supervision afin de prendre en compte les spécificités des deux segments du système financier. Les marchés financiers peuvent également évoluer vers une structuration différenciée distinguant les instruments conventionnels des instruments compatibles avec la *Charia.*

La troisième phase correspond à une conversion graduelle des mécanismes de financement. Cette évolution s'appuie sur la croissance progressive des activités islamiques, l'élargissement des produits conformes à la charia et la transformation partielle des structures bancaires conventionnelles. Elle peut également inclure une restructuration progressive de la dette publique à travers le développement des *Sukuk* souverains comme alternative aux instruments obligataires classiques.

Dans cette phase, les engagements contractuels conclus antérieurement demeurent valides jusqu'à leur échéance afin de préserver la sécurité juridique et d'éviter les perturbations susceptibles d'affecter les agents économiques. Les nouvelles opérations financières sont, en revanche, progressivement orientées vers des mécanismes conformes aux principes de la finance islamique.

Enfin, la dernière étape correspond à la consolidation du système islamique comme structure dominante du financement de l'économie. Cette évolution devient envisageable lorsque les instruments islamiques atteignent une taille critique suffisante pour assurer le financement des investissements, la gestion de la liquidité et la conduite de la politique monétaire sans recours aux mécanismes conventionnels fondés sur le taux d'intérêt.

Section 2 : La lutte contre la corruption comme condition de stabilité économique

Le modèle d'économie de marché islamique se propose d'analyser la corruption en mettant en lumière les enjeux conceptuels qui lui sont propres, tout en soulignant les limites et les insuffisances des approches conventionnelles pour en contenir les effets sur l'économie.

1. Corruption versus rareté : repenser la problématique économique : D'un point de vue méthodologique, il est essentiel de distinguer la problématique au sens large, c'est-à-dire le problème principal structurant l'activité économique, des problèmes secondaires qui en découlent. Cette distinction, largement soulignée dans la littérature économique, permet de décomposer rigoureusement les éléments constitutifs de la question économique et de concevoir des stratégies de résolution adaptées aux différentes dimensions du système économique (Allais, 1971).

Dans la théorie classique, la problématique économique se réduit à la rareté des ressources face à l'expansion continue des besoins humains, intensifiée par le développement des modes de vie et des exigences sociétales. La pensée marxiste, en revanche, repose sur l'idée d'un conflit fondamental et permanent entre les systèmes de production et de distribution dans la société. Selon la théorie classique, le cœur du problème économique réside dans la limitation des ressources et la multiplicité des besoins, imposant aux agents économiques des choix, des priorités et des sacrifices, le problème est donc la rareté des ressources.

Thomas Malthus constitue l'un des principaux théoriciens de la rareté relative. Selon sa théorie, la population croît selon une progression géométrique tandis que les ressources alimentaires augmentent seulement de manière arithmétique, générant une tension structurelle entre besoins et disponibilités. Pour y remédier, Malthus proposait de limiter la croissance démographique par des politiques de contrôle des naissances et envisageait que les guerres puissent contribuer à réguler cette dynamique.

Cependant, cette théorie a été largement critiquée, y compris par des auteurs libéraux. Dans l'ouvrage, *Food First : Beyond the Myth of Scarcity* (Boston, Houghton Mifflin, 1977), les auteurs soutiennent que la rareté est une construction idéologique plutôt qu'une cause fondamentale de la faim[1]. Selon eux, les crises alimentaires mondiales trouvent leur origine dans des facteurs politiques et économiques et non dans une prétendue insuffisance naturelle des ressources. La faim est réelle, mais la rareté qui lui est souvent associée relève d'une perception artificielle. Les auteurs soulignent que la faim peut être instrumentalisée comme un produit économique générant profit et commerce, par exemple par l'exportation de crises alimentaires, de conflits ou de maladies vers les pays en développement.

---

[1] Collins, J., & Moulabie, F. (1983). *The making of hunger and the myth of scarcity*. Kuwait: National Council for Culture, Arts and Letters.

Ils mettent également en évidence l'erreur de penser que la planète ne pourrait pas satisfaire les besoins humains. La production agricole mondiale pourrait nourrir tous les individus si elle n'était pas entravée par des mécanismes de contrôle inéquitables limitant le développement agricole. Les politiques restrictives entreprises par certains pays du Nord empêchent les pays du Sud de produire suffisamment de nourriture. Bien que la Terre puisse produire assez pour nourrir l'ensemble de sa population, près de 500 millions de personnes souffrent de la faim. Les données indiquent que 3 % de la population mondiale contrôle environ 77 % des terres agricoles, que seulement 44 % de ces terres sont exploitées, et que dans les pays en développement, la proportion de terres cultivées ne dépasse pas les 20 %[1].

Le rapport FAO 2016 souligne qu'il est possible d'accroître la productivité agricole et de renforcer la sécurité alimentaire tout en arrêtant, voire en inversant, la désertification. Selon la Banque mondiale, les terres arables représentent 10 % de la surface terrestre, tandis que les forêts, potentiellement exploitables, couvrent environ un tiers de cette surface (30 % en 2015[2]). Dans son rapport *Food and Hunger*, la Banque mondiale précise : » La faim est réelle, mais la rareté ne l'est pas. La question centrale n'est pas l'insuffisance de nourriture ni l'augmentation des prix, mais une distribution inéquitable et un déficit de pouvoir d'achat »[3] Ainsi, le problème économique ne réside pas dans le volume global des ressources disponibles, mais dans sa gestion.

Dans la perspective islamique, l'origine de la problématique économique réside dans la corruption, comprenant la mauvaise gestion des ressources, le gaspillage des richesses et l'injustice dans leur répartition, entraînant

---

[1] Idem

[2] Food and Agriculture Organization of the United Nations. (2016). *The state of food and agriculture 2016: Climate change, agriculture and food security.* Rome: FAO.

[3] World Bank, *Food and Hunger* (Washington, DC : World Bank, 1996).

exploitation et oppression à l'échelle individuelle, sociétale et internationale. Le Coran souligne : » La corruption est apparue sur terre et sur mer à cause de ce que les mains des hommes ont acquis » (Sourate 30, Verset 41).

Ibn Khaldoun relie la corruption à l'effondrement économique et civilisationnel, affirmant que la propagation de la corruption entraîne la population vers la pauvreté et l'incapacité à satisfaire ses besoins vitaux, amorçant le déclin des civilisations et des nations[1].

En Islam, relèvent intrinsèquement de la corruption les défaillances dans l'allocation efficiente des ressources, ainsi que les insuffisances en matière d'effort productif et d'amélioration de la productivité, traduisant une mobilisation sous-optimale des facteurs de production. S'y ajoutent les carences dans la valorisation et l'exploitation des richesses que le Créateur a mises à la disposition de l'humanité, notamment à travers une utilisation non optimale des ressources disponibles et une insuffisance dans l'exploration et la mobilisation des ressources potentielles, telles que les énergies renouvelables (solaire, éolienne, etc.).

Relèvent également de la corruption, dans son acception fondamentale, toutes les formes de défaillances institutionnelles et comportementales affectant le fonctionnement des marchés et l'efficience des échanges, notamment les situations d'injustice (*Dhulm*), de transgression (*Baghy*), les pratiques répréhensibles (*Munkar*), les asymétries informationnelles et incertitudes excessives (*Gharar*), les préjudices économiques dans l'échange (*Ghubn*), ainsi que les pratiques d'usure (*Riba*), de thésaurisation (*Iktinaz*), de monopole (*Ihtikar*) et de jeux de hasard (*Maysir*), en plus de toutes les formes d'appropriation illicite des ressources. Ces défaillances traduisent une altération des mécanismes de

[1] Ibn Khaldoun, *Al-Muqaddima*, chapitre III, Beyrouth, Dār al-Kitāb al-Lubnānī, 1959.

coordination économique et une érosion des principes de coopération, de solidarité et de bienfaisance.

Enfin, relèvent également de la corruption toutes les formes de gaspillage et de surconsommation inefficiente des ressources (*Tabdhir* et *Israf*), en contradiction avec les principes d'optimalité dans l'utilisation des ressources. Le Prophète a ainsi établi le principe de prohibition du gaspillage, comme l'illustre le hadith : « *Y a-t-il excès dans l'usage de l'eau, ô Messager de Dieu ? - Oui, même si tu te trouves au bord d'un cours d'eau abondant* ».

La corruption, sous ses différentes formes, se manifeste à travers une grande diversité de configurations et mobilise un large éventail d'activités et de pratiques, allant des formes les plus élémentaires d'abus de pouvoir public par des agents de l'administration, jusqu'à l'appropriation et/ou l'exploitation des ressources nationales par certains dirigeants politiques à des fins d'enrichissement privé.

Ces formes de corruption s'opèrent à travers une multiplicité de mécanismes, notamment la corruption monétaire (pots-de-vin), le népotisme, le favoritisme, l'intermédiation illégale, l'extorsion, la falsification et le détournement des fonds publics. À cela s'ajoutent diverses pratiques constituant des défaillances majeures de gouvernance et d'intégrité économique, telles que la fraude, la contrebande, l'évasion fiscale, les opérations de change effectuées en dehors des circuits légaux, ainsi que l'usage abusif des autorités publiques à travers des décisions qui favorisent certains groupes au détriment des autres groupes ou la réalisation des gains privés au détriment de la collectivité. Relèvent également de ces pratiques le manque de transparence dans l'attribution des marchés publics et des contrats gouvernementaux, la recherche de profits illicites, l'octroi de droits indus, ainsi que la négligence, le défaut de diligence dans la préservation des biens publics et la mauvaise gestion des ressources de l'État.

L'ensemble de ces pratiques, qui peuvent atteindre des formes extrêmes telles que le détournement direct et la spoliation des fonds publics, illustrent l'ampleur et la diffusion des phénomènes de corruption à l'échelle mondiale.

2. Les limites des approches internationales de lutte contre la corruption : Les stratégies et les mécanismes visant à combattre la corruption sont multiples, et les approches se sont diversifiées dans le but d'en atténuer les effets, de réduire les coûts associés et de limiter les opportunités de son apparition et de sa propagation. Une évaluation critique de ces approches révèle que, dans le cadre de la théorie économique contemporaine, leur limite fondamentale réside dans une dépendance excessive aux mécanismes réglementaires et de contrôle, conceptualisés sous le terme de « bonne gouvernance ». Or, si ces dispositifs visent à réduire la corruption, ils se concentrent essentiellement sur la limitation des opportunités d'extraction de rentes et le contrôle des comportements individuels, sans agir directement sur l'efficience des institutions, la productivité économique et l'allocation optimale des ressources, qui constituent pourtant le cœur du problème économique sous-jacent.

C'est ainsi que les théoriciens de la gouvernance estiment que les taux de corruption peuvent être réduits en limitant les opportunités d'extraction de rentes, principalement par un ensemble de réformes économiques. Ces réformes s'appuient généralement sur la libéralisation, la réduction du rôle de l'État et de son intervention dans l'économie, le soutien aux politiques de privatisation, la dérégulation des prix, la suppression des subventions et des transferts sociaux, ainsi que l'élimination des barrières fiscales et des contrôles commerciaux. Dans cette perspective libérale, la présence de l'État est perçue comme la source principale de la corruption, et la solution consiste donc à réduire son rôle.

Pour lutter contre la corruption, les approches contemporaines s'appuient également sur un cadre juridique international, qui constitue un outil central à la disposition des gouvernements. Ce cadre inclut un ensemble de conventions internationales, telles que la Convention sur la lutte contre la corruption de l'OCDE (1999) et la Convention des Nations Unies contre la corruption (2005), ratifiée par 140 pays. Ces instruments couvrent un large spectre de thématiques : corruption interne et externe, extorsion, mesures préventives, lutte contre le blanchiment d'argent, règles sur les conflits d'intérêts, et mécanismes de récupération des avoirs illicites déposés par des responsables dans des banques étrangères.

Cependant, malgré cet arsenal considérable de mesures, lois et régulations, la source de la corruption demeure largement intacte. Ces dispositifs ont certes permis de réduire partiellement l'ampleur du phénomène de la corruption dans certains pays, alors que l'origine de la corruption n'a pas été traité dans la plupart des cas. Il est évident que tout défaut dans le diagnostic des causes de la corruption entraîne un échec dans l'élaboration des politiques de lutte contre celle-ci. Or la majorité des approches contemporaines traite les symptômes plutôt que les causes de la corruption, elles se limitent alors aux causes secondaires, laissant intactes les causes structurelles de la propagation de la corruption dans les sociétés contemporaines.

Ainsi, le problème ne tient pas à l'intervention excessive ou à l'absence d'intervention de l'État, mais à la qualité, à l'efficacité et de cette intervention. Lorsque les règles du jeu régissant l'intervention de l'Etat sont mal conçues ou appliquées de manière inadéquate, elles peuvent générer des distorsions institutionnelles et économiques, aggravant plutôt que réduisant la corruption. La solution ne réside donc pas dans le retrait de l'État, mais dans la définition et la mise en œuvre d'un rôle optimal, capable de renforcer l'efficience des institutions, d'optimiser l'allocation des ressources et d'accroître la productivité totale des facteurs, tout en réduisant les opportunités de rentes et d'abus de pouvoir.

C'est dans cette perspective que l'Islam, à travers les textes normatifs du Coran, appréhende la corruption dans toutes ses formes, en en identifiant à la fois les causes apparentes et latentes. Il propose un traitement systémique et intégré, combinant des mesures de prévention, de correction et de maîtrise des effets néfastes, déployées via une pluralité de mécanismes institutionnels et éthiques. Malgré ce cadre normatif, la corruption continue de s'aggraver dans la majorité des pays arabes et musulmans, affectant leurs économies et leurs structures sociales de manière plus prononcée que dans d'autres pays.

3. Une approche islamique de lutte contre la corruption : Sur la base des textes normatifs islamiques, la lutte contre la corruption, dans notre perspective du modèle d'économie de marché islamique, repose sur un ensemble de mesures opérationnelles impliquant les principales institutions concernées :

La famille, en tant que noyau fondamental de l'éducation, constitue le principal vecteur de transmission des valeurs éthiques. Cette fonction doit être appuyée par le ministère de la Femme, de la Famille et des Personnes âgées, en mettant particulièrement l'accent sur la formation des femmes pour qu'elles assurent la promotion et la consolidation des valeurs morales au sein de la cellule familiale. La coopération avec les grands-parents est essentielle afin de renforcer la cohésion intergénérationnelle et d'assurer une éducation éthique et civique efficace des enfants.

Les établissements préscolaires, deuxième niveau fondamental de formation des enfants, relevant du ministère de la Jeunesse et de l'Enfance, doivent mettre en œuvre des programmes éducatifs pratiques visant à développer l'autonomie et la responsabilité des enfants dans leurs activités quotidiennes (par exemple, le nettoyage après les repas, la préparation de repas simples, l'apprentissage de l'habillement autonome, etc.). Ces structures doivent également introduire, de manière ludique et pédagogique, des notions élémentaires de transactions économiques, à travers des simulations de situations de fraude ou de corruption, afin de sensibiliser les enfants à l'éthique, à l'intégrité et aux principes de justice économique dès le plus jeune âge.

L'école primaire, les collèges et les instituts, troisième niveau de formation sous la responsabilité du ministère de l'Éducation, doivent mettre en œuvre un programme éducatif structuré visant à développer la conscience morale et à prévenir la diffusion de comportements déviants. Dès l'école primaire, l'ensemble des disciplines doit intégrer la promotion de valeurs éthiques et civiques fondamentales, telles que l'honnêteté, la loyauté, le respect des contrats, l'interdiction de la corruption et de la fraude, ainsi que la valorisation du travail. Les matières scientifiques peuvent illustrer ces principes à travers des exercices appliqués, tandis que l'étude de figures historiques et contemporaines permet de fournir des modèles de référence aux élèves.

Au niveau du collège, il est recommandé d'introduire des modules spécialisés consacrés aux valeurs universelles, comme la Déclaration universelle des droits de l'homme et d'autres chartes internationales, et d'étudier des personnalités ayant contribué à la diffusion de ces valeurs, à l'instar de l'économiste indien Amartya Sen.

Au lycée, les programmes peuvent être élargis pour inclure l'analyse des valeurs et des principes éthiques dans d'autres contextes nationaux et culturels, tels que les systèmes de valeurs en Chine ou au Japon, afin de renforcer chez les élèves non seulement une perspective comparative et interculturelle, mais également une ouverture inter-civilisationnelle, leur permettant de comprendre et d'apprécier la diversité des héritages moraux et des cadres éthiques à l'échelle mondiale.

L'université, sous la responsabilité du ministère de l'Enseignement supérieur et de la Recherche scientifique, doit proposer des enseignements spécialisés sur la gouvernance, l'économie éthique, et les figures ayant promu les valeurs dans la littérature économique et sociale, afin de consolider la compréhension académique de l'éthique appliquée à l'économie et aux institutions.

Les médias et la culture, relevant du ministère de l'information et de la Culture, doivent soutenir financièrement toutes les productions culturelles promouvant les valeurs nobles, comme les films et documentaires sur les figures nationales, islamiques ou universelles (par exemple, Ibn Khaldoun, Abu al-Qasim al-Shabi, le Prophète Muhammad), tout en interdisant les productions contraires à l'éthique.

La société civile joue un rôle central de supervision et de contrôle des institutions publiques et privées, en appui à l'État, notamment dans la régulation des marchés, le suivi des circuits de distribution et la surveillance des transactions financières, tout en contribuant à la prévention et à la lutte contre les pratiques monopolistiques et les distorsions de concurrence. Elle participe également à la promotion de la transparence et de la responsabilité dans les échanges économiques et la gestion des ressources.

Par ailleurs, la rémunération doit être équitablement corrélée à la productivité et aux efforts fournis, afin de limiter l'enrichissement injustifié, les inégalités salariales et les distorsions économiques qui peuvent résulter de pratiques de favoritisme ou d'abus de pouvoir. Lier les salaires à la productivité constitue un mécanisme clé pour promouvoir l'efficience économique, encourager la performance, et consolider la justice sociale dans le cadre d'une économie de marché islamique.

La digitalisation et les technologies intelligentes, en particulier la blockchain, constituent des instruments stratégiques pour prévenir les transactions illicites, telles que la falsification de documents, la manipulation de droits de propriété et la contrefaçon de contrats. La digitalisation des procédures administratives permet de rationaliser les processus, de réduire les délais, d'accroître la transparence dans les marchés publics et d'assurer une allocation optimale et efficiente des ressources, tout en limitant la formation de foyers de corruption administrative.

Elle favorise également une gestion budgétaire plus transparente et responsable, en particulier dans les domaines des exemptions fiscales, des acquisitions publiques et des dépenses hors budget. L'intégration de ces technologies contribue à instaurer un cadre de gouvernance efficace, garantissant à la fois l'intégrité des transactions et l'*accountability*, tout en renforçant l'efficacité et l'équité de l'économie de marché.

La bonne gouvernance des finances publiques s'appuie sur la rationalisation et l'optimisation des dépenses de l'État, en particulier sur la réduction des dépenses non essentielles ou superflues, notamment lorsqu'elles sont financées par des emprunts extérieurs, afin de prévenir l'endettement excessif et d'assurer la soutenabilité budgétaire. Une politique fiscale modérée, équitable et transparente constitue un levier central pour promouvoir la justice sociale, renforcer les recettes publiques et réduire à la fois l'évasion fiscale et la montée de l'économie informelle. En alignant la fiscalité sur les principes d'équité et de proportionnalité, l'État peut générer des revenus stables et durables, tout en respectant les prescriptions économiques et éthiques de l'Islam.

Par ailleurs, une lutte efficace contre la corruption nécessite l'instauration d'un cadre robuste de responsabilité et d'*accountability*, fondé sur des mécanismes transparents de sanction des corrompus, ainsi que sur la protection active des lanceurs d'alerte. Le rôle du Parlement est central, il doit exercer un contrôle systématique sur l'administration afin de prévenir toute perception d'impunité, particulièrement parmi les hauts responsables, et garantir que l'application des lois soit cohérente et uniforme. Cette approche contribue non seulement à renforcer l'intégrité et la crédibilité des institutions publiques, mais aussi à assurer la confiance des citoyens et à la bonne gouvernance des ressources publiques.

Section 3 : La croissance économique et la création de richesse

Contrairement à l'approche traditionnelle, qui considère que le problème fondamental de la croissance réside dans la rareté des ressources, ce qui contraint les économies à faire des choix, l'approche islamique postule que les ressources sont en réalité abondantes et suffisantes. Le véritable obstacle à la création de richesse ne réside pas dans la rareté des ressources, mais dans le comportement humain : celui-ci peut soit sous-utiliser les ressources disponibles, soit les gaspiller, empêchant ainsi leur allocation et leur exploitation optimales.

1. Le comportement humain comme moteur de la croissance économique : Le comportement humain constitue l'un des déterminants essentiels du taux de croissance économique. Certaines régions d'Afrique, bien que riches en ressources naturelles et humaines, affichent des performances économiques faibles, tandis que des pays européens, relativement pauvres en ressources naturelles et humaines, atteignent des taux de croissance élevés. Ce constat remet en question l'approche classique fondée sur la rareté des ressources comme principal moteur de la croissance.

La répartition géographique des ressources à l'échelle mondiale est hétérogène : certaines zones disposent d'abondantes ressources minières, tandis que d'autres sont riches en ressources hydriques ou en capital humain. La différence de performance économique entre ces régions résulte principalement du comportement humain dans la gestion et l'exploitation de ces ressources. Une allocation inefficace ou un usage gaspilleur conduit à des taux de croissance faibles, alors qu'une gestion prudente et efficiente des ressources disponibles favorise une croissance soutenue.

Ainsi, la contrainte fondamentale qui pèse sur la croissance et le développement économiques ne réside pas dans une rareté intrinsèque des ressources, mais dans la qualité des comportements et des incitations qui gouvernent leur utilisation. En effet, les dotations en ressources naturelles, humaines et productives apparaissent, dans une large mesure, suffisantes pour soutenir des trajectoires de croissance soutenue.

Dès lors, la transformation de ces dotations en richesse effective dépend principalement de l'efficience des mécanismes d'allocation, du niveau de productivité des facteurs et de la capacité des agents économiques à mobiliser et à valoriser les ressources disponibles de manière optimale. Les contre-performances observées s'expliquent ainsi moins par une contrainte de ressources que par des inefficiences allocatives, une sous-utilisation des capacités productives et des comportements de gaspillage ou de captation de rentes. À l'inverse, une utilisation efficiente des ressources, soutenue par des incitations appropriées et une gouvernance efficace, permet de générer une croissance durable et une création de richesse inclusive.

2. Les facteurs de production et l'environnement institutionnel : La croissance économique constitue un indicateur macroéconomique central dans la conception, le pilotage et l'évaluation des stratégies de développement. Elle reflète la dynamique d'augmentation de la production de biens et services au sein d'une économie sur une période donnée, généralement appréhendée à travers l'évolution du produit intérieur brut réel. À ce titre, elle représente un levier fondamental de transformation économique, en ce qu'elle conditionne l'accroissement du revenu par habitant, l'amélioration du niveau de vie et l'élargissement des opportunités économiques et sociales.

Dans une perspective de long terme, les économies qui parviennent à maintenir des taux de croissance élevés et soutenus bénéficient d'une capacité accrue à générer des emplois, à renforcer l'accumulation du capital et à améliorer la productivité des facteurs, ce qui se traduit par une élévation du bien-être collectif et une meilleure satisfaction des besoins.

Cette dynamique de croissance repose fondamentalement sur l'interaction entre plusieurs déterminants économiques clés, notamment l'accumulation du capital, le développement du capital humain et l'amélioration de la productivité globale des facteurs. Elle dépend également de la qualité de l'environnement institutionnel et des incitations économiques, qui conditionnent l'efficience de l'allocation des ressources et la capacité des agents économiques à mobiliser et valoriser les facteurs de production de manière optimale.

L'analyse économique montre que l'accélération de la croissance repose soit sur une augmentation quantitative de l'utilisation des facteurs de production, soit sur une amélioration de leur productivité globale, soit sur une combinaison des deux. Les facteurs de production se composent essentiellement du capital et du travail. Le capital recouvre à la fois le capital physique - comprenant les ressources naturelles, les équipements, les machines, les infrastructures et l'ensemble des actifs productifs - ainsi que le capital financier, indispensable au financement de l'investissement et à l'accumulation du stock de capital. Le travail, quant à lui, est appréhendé à travers le capital humain, c'est-à-dire l'ensemble des compétences, des connaissances et des qualifications acquises par les individus, soit par l'éducation et la formation, soit par l'apprentissage.

Au-delà de ces déterminants, la productivité globale des facteurs constitue un déterminant essentiel de la croissance. Elle reflète l'impact du progrès technique, des innovations organisationnelles et de l'efficacité des modes de gestion. Elle résulte notamment des investissements en recherche et développement, de la diffusion des connaissances, ainsi que de la qualité du cadre institutionnel et du système de gouvernance, qui influencent directement l'efficience dans l'utilisation des ressources.

Par ailleurs, les sources de la croissance peuvent être analysées à partir de la demande globale, qui repose sur trois composantes principales : la consommation, qu'elle soit privée ou publique, l'investissement, également public et privé, ainsi que les exportations.

3. Les déterminants de la croissance dans le modèle d'économie de marché islamique : Indépendamment de l'approche retenue - qu'elle soit fondée sur la demande ou sur l'offre -, la croissance économique dans le modèle d'économie de marché islamique repose sur trois leviers fondamentaux : *Al-Infaq* (la dépense), le financement et la propriété. Ces trois dimensions constituent des moteurs interdépendants qui structurent le processus de création de richesse et orientent la dynamique de croissance.

Cette conceptualisation des sources de la croissance intègre implicitement les déterminants classiques identifiés dans l'analyse économique conventionnelle, tels que la consommation, l'investissement et les exportations. Toutefois, elle s'en distingue par une approche plus globale et systémique, fondée sur l'articulation entre les flux économiques (dépense et financement) et les structures institutionnelles (propriété), tout en intégrant explicitement les principes de responsabilité sociale et d'équité dans l'allocation des ressources.

Ainsi, le modèle d'économie de marché islamique propose une lecture élargie des mécanismes de la croissance, dans laquelle les déterminants économiques traditionnels sont réinterprétés à la lumière d'une logique de complémentarité entre efficacité économique, justice distributive et soutenabilité sociale.

Le premier levier concerne *Al-Infaq*, dans toutes ses formes et déclinaisons. Celui-ci occupe une place centrale dans le modèle d'économie de marché islamique, son rôle dépasse celui de la consommation dans l'économie conventionnelle, notamment dans l'approche keynésienne où celle-ci est considérée comme un pilier fondamental de la stimulation de la croissance et de la réalisation de l'équilibre macroéconomique à travers le mécanisme de la demande effective.

Dans le modèle d'économie de marché islamique, *Al-Infaq* dépasse les opérations économiques du seul secteur lucratif pour englober également celles relevant du secteur non lucratif. Il recouvre tout emploi de ressources financières, qu'il soit obligatoire ou volontaire, dès lors qu'il s'inscrit dans le respect des normes éthiques et juridiques. Ainsi, *Al-Infaq* inclut, au-delà des opérations économiques conventionnelles, l'ensemble des opérations à finalité sociale. Il intègre notamment la mobilisation du temps au service d'autrui sans contrepartie, l'effort physique consacré à des activités d'entraide et d'assistance aux personnes qui ont en besoin, ainsi que l'engagement intellectuel et cognitif, à travers l'enseignement, la transmission du savoir et la recherche scientifique orientée vers la résolution des problèmes de la société, indépendamment de toute logique marchande.

Bien qu'elles contribuent à encadrer et à rationaliser les comportements de consommation, *Al-Infaq* ne se limite pas aux seules dépenses caritatives à finalité religieuse[1], il englobe aussi les dépenses liées aux activités lucratives, incluant toutes les opérations sur biens et services, de répartition ainsi que les opérations financières. Ces deux dimensions - lucrative et non lucrative - sont étroitement complémentaires et participent conjointement à la dynamique de l'économie.

En Islam, *Al-Infaq* revêt un caractère obligatoire conformément au principe coranique : « *Ceux qui dépensent leurs biens, nuit et jour, en secret et en public, auront leur récompense auprès de leur Seigneur ; ils n'éprouveront ni crainte ni affliction.* » *(Al-Baqara, 2 ; 274).* Il constitue à la fois un acte à portée spirituelle

---

[1] Al-Qaradaghi, Ali Muhyiddin, *Wealth in Islam: A Juristic Foundational Study*, research paper submitted to the 18th session of the European Council for Fatwa and Research, Paris, 2008.

et un levier économique de lutte contre la thésaurisation, ce qui constitue un stimulant essentiel de la production[1].

L'analyse économique des prescriptions coraniques relatives à *Al-Infaq* révèle un mécanisme fondamental de dynamisation de l'économie et de développement durable dans le modèle islamique. Le Coran encourage à consacrer ses ressources de jour comme de nuit, en privé comme en public, établissant ainsi un flux économique continu et régulier, essentiel à la fluidité des échanges et à la stimulation de la croissance. L'interruption de ce flux peut provoquer stagnation et ralentissement économique.

Du point de vue social, l'importance de *Al-Infaq*, tant privée que publique, se manifeste dans l'amélioration du bien-être des individus, le renforcement de la cohésion sociale, ainsi que dans sa contribution à la redistribution des richesses et à la réduction des inégalités sociales. Cela s'opère à travers les dépenses obligatoires (la *Zakat* et ses dépenses), les dépenses volontaires (les aumônes, *les Kafarat* ou les expiations[2], le *Nudhur*[3] et le prêt sans intérêt), ainsi que les dépenses à caractère social et coopératif (le système de solidarité, *Takaful*, et le système des fondations, *Waqf*)[4].

D'autre part, le concept de *Al-Infaq* est lié à la responsabilité sociétale à travers un ensemble de valeurs dont il tire sa légitimité religieuse et sa place sociale, telles que les valeurs de la modération, du juste milieu et d'équilibre, ou, selon l'expression coranique, *Al-Qawam*. En effet, conformément aux textes du Coran, *Al-Infaq* doit être responsable et modéré, évitant à la fois le gaspillage et

---

[1] John Maynard Keynes, *The General Theory of Employment, Interest and Money*. London: Macmillan, 1936.

[2] des transferts redistributifs à finalité corrective

[3] Le *Nadhr* (Vœu pieux) est un engagement conditionnel volontaire, s'apparentant à un mécanisme d'auto-contrainte par lequel l'individu s'impose une obligation future de transfert de ressources, souvent à finalité sociale ou redistributive.

[4] Inayah, Ghazi Hussein, *The Principles of Public Expenditure in Islamic Fiscal Thought: A Comparative Study*, Beirut, Dar al-Jil, 1980, first edition.

l'avarice. Il vise un double objectif : la satisfaction des besoins collectifs en vie vie et la récompense dans l'au-delà : « *Et ceux qui, lorsqu'ils dépensent, ne gaspillent pas et ne sont pas avares, mais sont dans un juste milieu.* » (Al-Furqan, 25 ; 67). Tout écart par rapport à ce juste milieu, que ce soit par gaspillage ou par restriction excessive, entraîne des déséquilibres macro-économiques et sociaux. Le Coran souligne d'ailleurs le caractère néfaste du gaspillage : *Les gaspilleurs sont les frères des diables et le diable est toujours ingrat envers son Seigneur* (Al-Isra, 17:27).

Al-Infaq, dans le modèle d'économie de marché islamique, est étroitement lié à un ensemble de valeurs fondamentales qui structurent son rôle économique et social. Il s'inscrit dans une logique de priorisation et de finalité (*Maqasid*) : les dépenses doivent d'abord satisfaire les besoins essentiels avant de passer aux les besoins non essentiels. L'aspect altruiste et moral de *Al-Infaq* s'exprime dans l'effort pour privilégier autrui, même en situation de privation : *Ils préfèrent les autres à eux-mêmes, même lorsqu'ils sont dans le besoin* (Al-Ḥashr, 59 ; 9).

D'un point de vue macroéconomique, *Al-Infaq* peut être décomposé en deux moteurs complémentaires de croissance. Le moteur interne comprend l'investissement et la consommation, publics et privés : l'investissement privé constitue le levier le plus direct de création de richesse lorsqu'il est orienté vers les secteurs à forte productivité, tandis que la consommation privée stimule l'économie en dynamisant la demande pour les produits locaux et en favorisant leur circulation sur le marché. Le moteur externe repose sur les exportations, c'est-à-dire la demande extérieure pour les produits locaux.

Ainsi, dans le modèle d'économie de marché islamique, *Al-Infaq* mobilise principalement les acteurs de l'économie réelle : ménages, entreprises non financières, secteur public et institutions étatiques. Les dépenses relevant des institutions financières sont des opérations financières qui permettent de financer l'économie réelle sans les dépasser.

Le financement, deuxième levier essentiel de la croissance économique : Dans le modèle d'économie de marché islamique est une composante basée sur l'échange réel et la rentabilité, et non sur l'endettement à intérêt. Ce financement repose sur l'économie réelle et s'articule autour des activités de vente, d'achat, de location, d'investissement et de partage du profit. C'est un financement direct de l'économie réelle, où les banques cessent de se limiter au rôle traditionnel de prêteur ou d'intermédiaire financier, pour devenir un véritable acteur de l'économie réelle. Elles peuvent agir comme commerçant dans les opérations de *Murabaha*, *Salam* et *Istisnaâ*, et comme bailleur dans les opérations de *Ijara*, et comme partenaire financier dans les opérations de *Mudharaba* et de *Musharaka*. Dans ce cas, les banques cessent de se comporter comme un simple créateur de monnaie et donc comme générateur d'inflation, pour devenir un facilitateur de l'échange dans l'économique réel. Elles jouent un rôle central dans la dynamique économique en orientant les ressources financières vers l'investissement.

Le financement islamique diffère du prêt à intérêt en ce qu'il constitue un échange de biens et services contre de la monnaie, tandis que le prêt conventionnel consiste en un échange de la monnaie contre de la monnaie. Le modèle d'économie de marché islamique valorise la diversité des éléments échangés (bien contre argent), source de création de valeur et de croissance économique, contrairement au simple prêt à intérêt ou à la compensation produit contre produit, qui ne génèrent pas de richesse réelle. Cette distinction est clairement affirmée dans le Coran : « *Dieu a rendu licite la vente et interdit l'usure* » (Al-Baqara, 2 ; 275), soulignant la primauté de l'échange réel sur le crédit à intérêt.

En fait, toutes les opérations de financement islamique sont liées aux contrats de vente et d'investissement. Elles peuvent être classées en deux catégories : celles à risque faible et rendement fixe (*Murabaha, Salam, Istisnaâ, Ijâra*), liées à la consommation ou à l'investissement, et celles à risque élevé et rendement variable (*Mudharaba, Musharaka*), permettant le partage des profits et des pertes.

Ainsi, tout comme *Al-Infaq*, le financement joue un rôle crucial dans la croissance économique. Les banques ne se contentent pas d'effectuer de simples opérations financières, elles participent activement à la dynamique de la croissance tout comme les autres agents économiques.

Le système de propriété, troisième déterminant de la croissance économique, constitue le socle institutionnel sur lequel repose l'ensemble de l'activité économique. En effet, la manière dont les droits de propriété sont définis, protégés et organisés conditionne directement l'allocation des ressources, les incitations à l'investissement et l'efficacité productive. Un système de propriété bien structuré favorise la mobilisation du capital, l'initiative privée et la création de richesse, tandis qu'un cadre défaillant engendre des distorsions, des comportements opportunistes et une sous-utilisation des ressources.

La propriété joue ainsi un rôle central dans le processus de croissance, en raison de son lien étroit avec l'accumulation du capital et l'augmentation du produit intérieur brut. Elle détermine les droits des agents économiques sur les ressources, et, par conséquent, leurs incitations à produire, investir et innover.

Dans ce contexte, la définition d'un système de propriété constitue un enjeu crucial. Il ne s'agit plus d'opposer de manière rigide la propriété privée à la propriété publique, comme cela a souvent été le cas dans les approches économiques traditionnelles, mais plutôt de dépasser cette opposition afin de construire un cadre de complémentarité entre ces deux types de propriété. Un tel cadre permet de concilier efficacité économique et justice sociale, et apparaît ainsi comme un levier essentiel pour soutenir une croissance durable et inclusive.

Dans cette perspective, l'économie de marché islamique accorde une attention particulière au système de propriété, en définissant clairement les rôles et les domaines d'intervention de chacune de ses formes. Elle reconnaît ainsi trois catégories complémentaires de propriété - privée, publique et étatique - dont l'articulation vise à garantir à la fois l'efficacité économique, la justice sociale et l'équilibre entre les différents secteurs de l'économie, en évitant toute situation de domination ou d'exclusion.

Ce cadre conceptuel repose sur une articulation étroite entre propriété et financement. En effet, dans le modèle d'économie de marché islamique, toute opération de financement doit être adossée à un actif réel et à une activité productive, ce qui exclut les financements purement spéculatifs ou déconnectés de l'économie réelle. Ce principe trouve son fondement dans les *Hadiths* interdisant « *la vente de ce qui n'est pas possédé* » et « *le profit sur ce qui n'est pas garanti* », consacrant ainsi l'exigence d'un lien direct entre propriété, production et création de valeur.

L'originalité du modèle d'économie de marché islamique réside dans la complémentarité fonctionnelle des trois formes de propriété - privée, publique et étatique - qui permet d'assurer une coexistence équilibrée entre les secteurs privé, public et social-solidaire. Cette configuration institutionnelle favorise à la fois l'efficacité économique, la justice distributive et la stabilité du système productif, en évitant les déséquilibres liés à la concentration ou à l'exclusion d'un type de propriété au profit d'un autre.

À l'inverse, les approches économiques conventionnelles ont souvent été marquées par des oscillations idéologiques entre des positions extrêmes. Certaines expériences ont privilégié des politiques de nationalisation conduisant à une marginalisation, voire à une suppression de la propriété privée, tandis que d'autres ont adopté des stratégies de libéralisation et de privatisation extensive, réduisant significativement le rôle de la propriété publique et de l'État dans l'économie. Ces dynamiques contrastées ont fréquemment engendré des inefficiences allocatives, des déséquilibres structurels et, dans certains cas, une aggravation des inégalités.

Dans ce contexte, le modèle islamique se distingue par une approche équilibrée et intégrative, fondée sur la reconnaissance simultanée et l'articulation cohérente des différentes formes de propriété, chacune étant assignée à des fonctions économiques spécifiques et complémentaires, au service d'un développement durable et inclusif.

Toutefois, l'opérationnalisation de ce cadre repose sur une délimitation conceptuelle et institutionnelle précise entre propriété publique et propriété étatique, condition indispensable à la cohérence du système économique. La propriété publique désigne l'ensemble des ressources détenues collectivement par la communauté, dont l'usage est destiné à satisfaire l'intérêt général et à garantir l'accès équitable des citoyens. À l'inverse, la propriété étatique renvoie aux actifs placés sous la responsabilité de l'État en tant qu'agent institutionnel chargé de la gestion, de la régulation et de la mise en œuvre des politiques publiques.

Dans cette configuration, l'État agit principalement comme gestionnaire et garant de l'intérêt collectif, sans pour autant disposer d'un droit de propriété absolu assimilable à celui d'un acteur privé. Cette distinction fondamentale entre droit de propriété et fonction de gestion permet d'éviter les dérives liées à l'appropriation indue des ressources collectives et constitue un mécanisme essentiel de préservation des biens communs.

L'importance de cette clarification apparaît d'autant plus cruciale que certaines approches tendent à assimiler la propriété étatique à une composante de la propriété publique, en les intégrant dans une catégorie unique. Une telle confusion conceptuelle est susceptible de générer des ambiguïtés institutionnelles, en diluant les responsabilités en matière de gouvernance, de contrôle et d'allocation des ressources, et en ouvrant la voie à des inefficiences, voire à des pratiques de mauvaise gestion.

Dès lors, une distinction rigoureuse entre ces deux formes de propriété s'impose comme un prérequis à une gouvernance économique efficace, permettant de renforcer la transparence, de protéger les droits collectifs et d'assurer une allocation efficiente des ressources, au service d'un développement économique durable et équilibré.

Le rôle de l'État dans l'économie est étroitement lié au régime de propriété en vigueur ainsi qu'au degré de liberté économique, et varie sensiblement selon le modèle économique adopté. Dans le cadre de l'économie de marché islamique, l'État est conçu comme une entité "protectrice et proactive", dont les fonctions dépassent celles de la « simple veille » attribuée à l'État minimal dans les modèles libéraux et néolibéraux, tout comme elles se distinguent de l'État « dirigiste » dans les économies socialistes ou de l'État « régulateur » propre aux économies sociales de marché.

À cet égard, la crise récente de la pandémie de COVID-19 a mis en évidence les limites structurelles du modèle de l'État minimal, en révélant son incapacité à répondre efficacement aux chocs systémiques majeurs et à protéger les équilibres économiques et sociaux. Cette crise a suscité de vives critiques à l'encontre des politiques néolibérales dominantes et a contribué à réhabiliter le rôle économique et social de l'État, en rapprochant de facto les pratiques contemporaines des conceptions d'un État plus interventionniste, dont les fonctions convergent, dans une certaine mesure, avec celles de l'État « protecteur et actif » dans le modèle islamique.

Dans cette perspective, l'État assume une pluralité de fonctions complémentaires. Il exerce d'abord un rôle de coordination et d'arbitrage entre les différentes politiques publiques et priorités économiques, afin d'assurer la cohérence globale de l'action publique. Il remplit également une fonction redistributive, visant à garantir une répartition équitable des revenus et des richesses à travers des instruments budgétaires et fiscaux adaptés. Par ailleurs, il joue un rôle stratégique essentiel dans la définition des orientations de long terme, en fixant les objectifs de développement et en mobilisant les moyens nécessaires à leur réalisation.

Au-delà de ces fonctions, l'État peut intervenir directement dans l'activité productive lorsque l'intérêt général l'exige, notamment pour assurer la fourniture de biens et services essentiels que le secteur privé tend à négliger, en particulier dans les domaines de la santé, de l'éducation et des infrastructures de transport. Toutefois, cette intervention n'exclut pas la participation du secteur privé, qui peut être mobilisé soit dans le cadre de partenariats public-privé, soit à travers des initiatives d'investissement direct, en fonction des besoins économiques et sociaux.

En outre, le secteur de l'économie sociale et solidaire joue un rôle complémentaire déterminant, en appui à l'action de l'État, notamment dans le financement et la gestion des services à forte dimension sociale, à travers des mécanismes de coopération et de partenariat. Enfin, s'agissant des secteurs stratégiques - tels que l'énergie, les ressources naturelles ou les infrastructures vitales - l'État assure une fonction de supervision et de régulation, tout en maintenant une ouverture encadrée à la participation du secteur privé et du secteur social, dans une logique de complémentarité et d'efficacité économique.

4. Crises mondiales et essoufflement de la croissance économique au cours des dernières décennies. Depuis la Grande Dépression de 1929, en passant par la crise financière mondiale de 2008, puis la crise de la dette souveraine en Grèce 2010, jusqu'à la pandémie de COVID-19 et les répercussions économiques du conflit russo-ukrainien ainsi que de la guerre à Gaza, le système économique international s'est progressivement exposé à des chocs récurrents et de plus en plus complexes.

Dans ce contexte, les craintes d'une entrée dans une phase de stagnation séculaire se sont intensifiées, caractérisée par un ralentissement durable des rythmes de croissance dans les économies avancées. Une telle dynamique se traduirait mécaniquement par une contraction de la demande adressée aux exportations des pays en développement, affectant négativement leurs performances économiques et accentuant leur vulnérabilité externe. Cette situation met en évidence la nécessité d'une révision en profondeur des modèles de croissance adoptés par ces économies.

Les effets macroéconomiques du ralentissement sont particulièrement préoccupants. Celui-ci se manifeste notamment par une montée du chômage, une érosion des revenus réels et une dégradation générale des conditions de vie. Par ailleurs, il fragilise la souveraineté économique des États, en réduisant leurs marges de manœuvre budgétaires du fait de la contraction des recettes fiscales, les contraignant ainsi à recourir davantage à l'endettement extérieur.

Ces tendances sont corroborées par le rapport « *Future of Growth* »[1] publié par le Forum économique mondial en 2024, qui souligne le ralentissement du rythme de croissance mondiale au cours de la dernière décennie par rapport aux périodes précédentes. Entre 2018 et 2023, le taux de croissance annuel du produit intérieur brut, mesuré en parité de pouvoir d'achat, s'est établi à 1,4 % dans les économies à revenu élevé, à 2,2 % dans les économies à revenu intermédiaire supérieur, et à 3,1 % dans les économies à revenu intermédiaire inférieur ainsi que dans les pays à faible revenu.

Dans l'ensemble, bien que le niveau du produit intérieur brut mondial ait dépassé celui observé avant la pandémie, les taux de croissance enregistrés en 2023 demeurent inférieurs à 4 % pour l'ensemble des catégories de revenus.

---

[1] World Economic Forum (WEF). *The Future of Growth Report 2024*. Geneva: World Economic Forum, 2024

5. L'initiative du Forum de Davos sur « l'avenir de la croissance » : Au cours des dernières années, le Forum économique mondial a lancé une initiative innovante visant à repenser la croissance économique dans une perspective multidimensionnelle. Plutôt que de se limiter à un indicateur unique, cette initiative met l'accent sur l'évaluation de la qualité de la croissance et sur l'équilibre entre différentes priorités économiques et sociales. Elle repose sur quatre piliers : l'innovation, l'inclusion, la durabilité et la résilience, chacun mesuré par des indices allant de 0 à 100. Ces indices sont compilés pour 107 pays, fournissant aux décideurs politiques des outils d'analyse leur permettant d'évaluer le caractère et la qualité de la croissance économique, d'identifier les problèmes à résoudre et de détecter les opportunités à exploiter.

Selon ce cadre, la croissance est considérée comme innovante si le score est supérieur ou égal à la moyenne mondiale de 45,2. Elle est jugée durable dès lors que le score atteint au moins la moyenne globale de 46,8. Enfin, la croissance est dite inclusive et résiliente lorsque les scores dépassent respectivement les moyennes mondiales de 55,9 et 52,8.

Pour le premier pilier, l'innovation, des disparités importantes apparaissent : les pays à revenu élevé obtiennent un score moyen de 59,4, tandis que les pays en développement se situent à 26,8, traduisant un fossé numérique et technologique significatif. Même les pays à revenu intermédiaire supérieur restent en dessous de la moyenne mondiale avec un score de 39,3, illustrant le lien étroit entre innovation et revenu par habitant.

Le deuxième pilier, l'inclusion, évalue l'égalité des revenus, l'accès aux services essentiels et la protection sociale. La moyenne mondiale se situe à 55,9, avec des disparités marquées : 68,9 pour les pays à revenu élevé et seulement 30,0 pour les pays à faible revenu, soit plus du double d'écart. Les pays à revenu intermédiaire inférieur obtiennent un score de

44,8, inférieur à la moyenne mondiale, tandis que les pays à revenu intermédiaire supérieur atteignent 54,8, légèrement au-dessus de la moyenne, mais restant derrière les pays riches en termes d'inclusion.

Le troisième pilier, la durabilité, mesure la capacité des économies à adopter des modèles verts et à intégrer les technologies respectueuses de l'environnement pour réduire les émissions polluantes. En 2023, la moyenne mondiale est de 46,8. Les pays à faible revenu (52,7) et à revenu intermédiaire inférieur (50,0) montrent une performance relative plus élevée, compensant partiellement leurs limitations dans le financement vert et la technologie écologique. En revanche, les pays à revenu élevé (45,8) et à revenu intermédiaire supérieur (44,0) compensent la pression environnementale par une meilleure performance technologique.

Enfin, le quatrième pilier, la résilience, concerne la capacité financière et d'investissement à faire face aux chocs économiques. La moyenne mondiale est de 52,8 en 2023. Les pays à revenu élevé obtiennent le meilleur score (61,9), suivis par les pays à revenu intermédiaire supérieur (50,0) et les pays à revenu intermédiaire inférieur (45,8). Les pays à faible revenu restent en retrait (39,0), ce qui reflète leur vulnérabilité face aux perturbations économiques et financières.

L'analyse croisée de ces quatre piliers permet d'identifier quatre trajectoires principales de croissance :

- Pays à revenu élevé (PIB moyen par habitant : 52 475 USD en 2023) : croissance élevée en innovation, inclusion et résilience, avec des marges d'amélioration pour la durabilité.

- Pays à revenu intermédiaire supérieur (PIB moyen : 17 900 USD) : croissance orientée sur l'inclusion et la résilience, avec besoin de progrès en innovation et durabilité.

- Pays à revenu intermédiaire inférieur (PIB moyen : 7 633 USD) : performance relative en durabilité et résilience, mais faibles scores en inclusion et innovation.

- Pays à faible revenu (PIB moyen : 1 533 USD) : empreinte écologique faible par habitant, forte durabilité, mais faibles performances en innovation, inclusion et résilience.

Cette initiative permet ainsi de classer les pays en sept modèles de trajectoire de croissance, facilitant l'identification de nations aux caractéristiques similaires et confrontées à des contraintes et opportunités comparables. Elle constitue un outil précieux pour les décideurs politiques, leur offrant une base pour évaluer la nature de la croissance économique, identifier les obstacles et tirer parti des meilleures pratiques internationales.

6. Croissance économique versus développement économique : Il convient de souligner que la croissance économique ne se confond pas nécessairement avec le développement économique. Une augmentation des taux de croissance ne garantit pas automatiquement une amélioration des niveaux de vie si cette croissance n'est pas répartie équitablement au sein de la société. L'inégalité des revenus conduit à ce qu'une minorité s'approprie les fruits de la croissance tandis que la majorité en demeure exclue. Ainsi, la prospérité se concentre sur une fraction de la population alors qu'une large part subit la pauvreté. Il est donc essentiel de distinguer croissance et développement.

De nombreux pays ont pu accélérer leur croissance économique tout en restant classés parmi les pays en développement ou en voie de développement, tandis que d'autres, avec des taux de croissance respectables, figurent parmi les pays avancés. La croissance économique qui n'entraîne pas de transformations qualitatives dans les secteurs clés de l'économie et des services sociaux - tels que l'éducation, la santé ou les transports - ne peut se traduire en développement. De même, si la croissance ne se reflète pas dans la vie quotidienne des populations, elle ne peut être considérée comme un développement véritable. Le développement économique implique une transformation profonde de l'économie : par exemple, passer d'une économie émergente à une économie avancée, ou d'une économie primaire essentiellement agricole à une économie industrielle moderne. Cette transformation s'accompagne d'une augmentation des revenus ainsi que d'une amélioration de la qualité des services sociaux essentiels.

Un exemple emblématique de développement réussi est celui du Chili, qui a connu une croissance continue sur un quart de siècle depuis 1990. Cette croissance s'est traduite par une réduction significative de la pauvreté et du chômage et par une amélioration notable des indicateurs de développement, plaçant le pays parmi les meilleures performances selon l'Indice de développement humain (IDH) qui intègre les trois dimensions du développement : le revenu, la santé et l'éducation. L'économie chilienne a été multipliée par plus de dix, les écarts de revenus ont diminué et le revenu par habitant a augmenté de manière significative.

Tandis que la Banque mondiale se base sur le PIB par habitant comme indicateur de la croissance économique, se limitant ainsi à l'aspect purement économique, le Programme des Nations Unies pour le développement (PNUD) intègre également la dimension sociale, dépassant la vision restrictive du développement pour établir un indicateur plus complet : l'IDH. Selon cette approche, certaines évaluations peuvent diverger : les pays du Golfe, classés parmi les plus avancés selon le PIB par habitant, voient leur classement chuter lorsqu'on utilise l'IDH comme mesure du développement.

Ces écarts illustrent la distinction cruciale entre croissance et développement. Par exemple, le Qatar, classé 3e mondial pour le revenu par habitant, mais seulement 42e selon l'IDH. Le Chili, classé 57e pour le revenu par habitant, mais 43e selon l'IDH et l'Estonie, classée 38e pour le revenu par habitant, mais 30e selon l'IDH[1]. Cette distinction entre croissance et

[1] United Nations Development Programme, *Human Development Report 2023/2024: Breaking the Gridlock - Reimagining Cooperation in a Polarized World.* New York: UNDP, 2024.

développement est importante pour comprendre l'évolution des économies. La croissance est une mesure quantitative, centrée sur l'évolution du produit national brut, reflétant le volume de richesse produite annuellement, mais elle ne renseigne pas sur la distribution des revenus ni sur le bien-être social. En revanche, le développement est une mesure qualitative, combinant efficacité économique et sociale, reflétant la manière dont la richesse est répartie entre les différentes couches sociales et acteurs économiques.

En se référant au concept de développement, l'indicateur de l'IDH semble être plus proche au concept utilisé dans la littérature islamique de "niveau de suffisance" ou de *Had Al-Kifaya*, qui signifie le seuil garantissant les droits économiques et sociaux ou le seuil de la dignité. Il peut être mesuré par le seuil du *Nisab de la Zakat.* Il est admis que ce seuil de suffisance s'apparente à un indicateur général du niveau de vie des individus. Il suppose l'existence d'un panier de référence englobant l'ensemble des biens et services essentiels, indispensables à la satisfaction des besoins correspondant au minimum requis pour une vie décente, seuil qui marque la frontière entre richesse et pauvreté[1]. Cette approche combine l'aspect quantitatif (croissance) et l'aspect qualitatif (développement), sans confondre les deux dimensions, offrant ainsi une vision complète de l'évolution économique et sociale des pays.

---

1 Al-Hourani, Yasser, *The Standard of Sufficiency and Its Impact on Zakat Entitlement: A Foundational Study*, Dubai, Department of Islamic Affairs and Charitable Activities, 2017.

Section 4 : Souveraineté nationale et maitrise de l'endettement

L'un des mécanismes centraux du modèle d'économie de marché islamique repose sur le financement autonome de l'économie, c'est-à-dire l'utilisation de ressources propres pour soutenir l'investissement productif, tout en limitant l'endettement aux situations réellement indispensables et à des taux minimaux. Cette approche implique l'extension et la diversification des instruments de financement islamique permettant aux banques de se transformer de simples prêteurs en véritables intermédiaires commerciaux et investisseurs. Ces opérations financières soutiennent directement l'économie réelle sans générer de création monétaire excessive ni alimenter l'inflation.

L'adoption de ce modèle alternatif de financement contribue à atténuer la crise de l'endettement qui affecte de nombreuses économies, tant dans les pays développés que dans les pays en développement. Elle ouvre la voie à une gestion prudente et durable de la dette, en limitant l'exposition aux risques financiers et en favorisant une croissance soutenue, fondée sur l'investissement et la production.

Après avoir analysé les causes de cette crise, les facteurs structurels qui l'alimentent, ainsi que les limites des approches traditionnelles qui ont échoué à la contenir, il devient possible de proposer une approche alternative de financement. Cette dernière permettrait de maîtriser l'endettement et d'en réduire progressivement les risques, tout en orientant les ressources financières vers l'économie réelle et la création de valeur durable.

1. Concept d'endettement : La problématique de l'endettement constitue aujourd'hui l'un des enjeux économiques les plus critiques à l'échelle mondiale. Elle concerne désormais la quasi-totalité des économies, qu'elles soient développées ou en développement, au point d'être souvent assimilée à une véritable bombe financière à retardement susceptible de menacer la stabilité macroéconomique globale des pays. En effet, l'endettement, qui a longtemps été mobilisé comme instrument conjoncturel de relance face aux crises - notamment depuis la Grande Dépression - ou comme levier de financement du développement dans les économies émergentes, s'est progressivement transformé en une crise structurelle autonome, nécessitant aujourd'hui des réponses systémiques pour en contenir les effets et prévenir ses risques.

Le concept d'endettement renvoie à un ensemble de notions connexes - telles que l'emprunt, la dette publique ou encore la dette extérieure - qui traduisent globalement une même réalité économique. Il désigne, de manière générale, l'ensemble des engagements financiers contractés par une économie nationale, dont l'échéance est supérieure à une année, et qui donnent lieu à des obligations de remboursement au profit de créanciers, qu'ils soient résidents ou non-résidents[1]. Ces engagements peuvent être libellés en monnaie nationale ou étrangère, ou encore être remboursés sous forme de biens et services dans le cas de dettes extérieures.

À cet égard, il convient de distinguer entre endettement interne et endettement externe, selon l'origine des créanciers. La dette extérieure, telle que définie par des institutions internationales comme le Fonds monétaire international, la Banque mondiale ou l'Organisation de coopération et de développement économiques, correspond aux engagements contractés par des résidents envers des non-résidents, dont la maturité excède une année et dont le remboursement s'effectue en devises, en biens ou en services.[2] Plus précisément, selon les standards internationaux, l'encours de la dette extérieure représente, à une date donnée, le montant

[1] Cette définition est citée avec adaptation à partir de Ramzi Zaki, *Debt and Development*, Cairo, Dar al-Mustaqbal al-Arabi, 1985, p. 24.

[2] FMI, *Gestion de la dette extérieure*, document n° 91/6, Washington, 1991, p. 39.

total des obligations contractuelles en cours impliquant des paiements futurs de principal et/ou d'intérêts au bénéfice de non-résidents[1].

En revanche, l'endettement interne désigne l'ensemble des emprunts contractés par l'État auprès d'agents économiques nationaux, notamment les institutions financières publiques et privées, y compris la banque centrale, généralement sous forme de titres de dette à court, moyen ou long terme libellés en monnaie nationale. Ce type d'endettement est souvent mobilisé pour financer certaines dépenses publiques, parfois sans générer un accroissement équivalent de la capacité productive, ce qui peut en limiter la soutenabilité à long terme.

Le niveau d'endettement d'un pays est généralement évalué à travers le ratio de la dette publique totale (interne et externe) rapportée au PIB, indicateur clé de la capacité de remboursement d'une économie. Plus ce ratio est élevé, plus l'économie apparaît dépendante du financement par la dette, ce qui peut accroître sa vulnérabilité aux chocs économiques et financiers. À l'inverse, un ratio modéré reflète une meilleure maîtrise des équilibres macroéconomiques et financiers.

À titre de référence, le seuil de 60 % du PIB, retenu notamment par le traité de Maastricht, est souvent considéré comme un niveau soutenable, sous réserve d'une gestion efficiente des ressources empruntées et de l'existence de marchés financiers développés permettant la liquidité des titres publics. Au-delà de ce seuil, les risques deviennent plus élevés, traduisant des déséquilibres structurels susceptibles de conduire à des tensions de financement, voire à des situations de défaut de paiement, en particulier en période de ralentissement économique ou de hausse des taux d'intérêt.

Dans la perspective conventionnelle, le recours à l'endettement n'est pas intrinsèquement problématique. Il peut, au contraire, constituer un levier de financement légitime, permettant de combler l'insuffisance de l'épargne

---

[1] FMI. *Statistiques de la dette extérieure 2003 : Guide EDS (External Debt Statistics)*. Washington, D.C. FMI, 2003.

nationale, de financer les investissements publics, de soutenir la croissance et de développer les infrastructures. Cependant, lorsque l'endettement est mal orienté ou insuffisamment productif, il peut se transformer en un frein au développement, en alourdissant le service de la dette et en réduisant les marges de manœuvre budgétaires.

Cette réalité est illustrée par l'expérience de plusieurs économies avancées - notamment les États-Unis, certains pays européens ou le Japon - où les niveaux d'endettement ont atteint des proportions particulièrement élevées, dépassant largement les seuils conventionnels (le ratio de la dette au Japon a atteint 217 % du PIB en 2021[1]).

Les estimations récentes indiquent une augmentation continue du ratio d'endettement global, atteignant des niveaux record, ce qui confirme le caractère systémique et préoccupant de cette problématique à l'échelle mondiale.

2. Les principales causes de l'endettement : L'endettement résulte de plusieurs déterminants, à la fois internes et externes, dont les effets s'entrecroisent et se renforcent mutuellement, contribuant ainsi à en amplifier la dynamique et la persistance. Certains courants imputent la responsabilité principale aux pays débiteurs, en raison de défaillances dans la conduite des politiques économiques et de développement, tandis que d'autres mettent en cause les pays et institutions créanciers, accusés d'avoir favorisé une expansion excessive du crédit, notamment dans des contextes de ralentissement économique, sans évaluation adéquate des risques de défaut et en imposant des conditionnalités souvent asymétriques.

Du côté des facteurs internes, l'une des causes majeures réside dans l'inadaptation des modèles de développement adoptés par de nombreux pays endettés. Souvent inspirés de référentiels externes et insuffisamment ancrés dans les réalités économiques, sociales et institutionnelles locales, ces modèles

[1] Trading Economics. (2026). *Japan – Central government debt, total (% of GDP) – WB Data.* April 2, 2026.

ont engendré des trajectoires de croissance peu inclusives, caractérisées par une faible appropriation sociale et une allocation inefficiente des ressources. Ce décalage a conduit les pouvoirs publics à recourir à l'endettement non pas pour financer des investissements productifs générateurs de croissance, mais pour couvrir des dépenses courantes, accentuant ainsi les déséquilibres macroéconomiques.

À cela s'ajoutent l'absence des réformes structurelles, la faible efficacité des politiques économiques et l'incapacité à mobiliser et valoriser les ressources internes, notamment à travers l'épargne nationale et l'investissement productif. Certaines orientations de politiques monétaires et fiscales ont également contribué à renchérir le coût du financement, limitant l'investissement et pesant sur le potentiel de croissance. Par ailleurs, la prévalence de la corruption et des pratiques de mauvaise gouvernance, en particulier dans la gestion des financements extérieurs, a favorisé les détournements de capitaux et les sorties illicites de fonds. Dans certains cas, l'ampleur de ces flux financiers clandestins dépasse même le volume de la dette extérieure, ce qui accentue la vulnérabilité des économies concernées.

L'utilisation inefficiente des ressources empruntées constitue également un facteur déterminant. En l'absence de stratégies efficientes d'allocation du capital, une part significative des financements est orientée vers des projets à faible rentabilité économique ou vers des dépenses improductives, incapables de générer les revenus nécessaires au service de la dette. Ce cercle vicieux alimente la dépendance à l'endettement et compromet la soutenabilité budgétaire à moyen et long terme.

Les facteurs externes jouent, quant à eux, un rôle tout aussi structurant. La montée en puissance du phénomène de financiarisation de l'économie mondiale, caractérisé par l'expansion des marchés financiers et la prédominance des logiques de rentabilité financière, a généré d'importants excédents de liquidité dans les économies avancées. Ces capitaux ont été largement recyclés sous forme de prêts vers les pays en développement, souvent sans considération suffisante des capacités de remboursement. De surcroît, la hausse des taux d'intérêt sur les marchés internationaux a mécaniquement alourdi le service de la dette, accentuant la charge financière supportée par les pays emprunteurs.

Par ailleurs, les fluctuations des prix des matières premières, en particulier des ressources énergétiques, ont contribué à déstabiliser les équilibres extérieurs des pays concernés. Les économies exportatrices subissent des pertes de revenus en période de baisse des prix, tandis que les économies importatrices voient leur facture s'alourdir en période de hausse, ce qui détériore leur balance des paiements et renforce leur dépendance à l'endettement. Enfin, les variations des taux de change des principales devises internationales, notamment le dollar et l'euro, constituent un facteur aggravant majeur. La dépréciation des monnaies locales, souvent liée à l'adoption de régimes de change flexibles sous l'influence des institutions financières internationales, accroît mécaniquement le poids de la dette extérieure libellée en devises étrangères.

Ainsi, l'endettement apparaît comme le résultat d'un enchevêtrement complexe de déterminants structurels et conjoncturels, internes et externes, dont la compréhension approfondie est indispensable pour élaborer des stratégies efficaces de gestion et de réduction durable de la dette.

3. Les risques liés à l'endettement : L'économie mondiale tend de plus en plus à se structurer autour d'un modèle fondé sur l'endettement, dans lequel les actifs réels et les ressources productives ne représentent qu'une part relativement limitée, au profit d'une expansion continue de la sphère financière. Cette évolution a contribué à une hypertrophie du secteur financier et à un creusement préoccupant de l'écart entre économie réelle et économie financière.

Sous l'effet du processus de financiarisation, la sphère financière s'est progressivement autonomisée, cessant d'être au service de l'économie réelle pour devenir une finalité en soi. Cette dynamique s'est traduite par une croissance rapide des actifs financiers, largement déconnectée des fondamentaux économiques. À titre illustratif, aux États-Unis, la taille de l'économie financière dépasse de plusieurs fois celle de l'économie réelle, tandis que l'augmentation des prix des actifs au cours des dernières décennies a généré une « richesse fictive » considérable, accompagnée d'un recours croissant à l'endettement pour soutenir la croissance[1].

Dans ce contexte, le poids du service de la dette constitue un facteur de déséquilibre majeur. Dans de nombreux pays en développement, une part substantielle des recettes d'exportation est mobilisée pour le remboursement de la dette, réduisant ainsi les marges de manœuvre nécessaires au financement de l'investissement et du développement. Dans certains cas extrêmes, l'économie nationale se trouve largement orientée vers le remboursement de la dette, au détriment des besoins sociaux essentiels, de santé ou d'éducation[2].

Depuis la crise financière internationale de 2008, l'endettement a pris une ampleur systémique, au point d'être assimilé à un risque structurel majeur pour la stabilité de l'économie mondiale. De nombreux pays, tant développés qu'en développement, ont vu leur ratio d'endettement dépasser largement le seuil de 100 % du produit intérieur brut, traduisant une dépendance accrue à la dette. Cette tendance concerne aussi bien les économies avancées que les pays

---

[1] McKinsey Global Institute (MGI), dans son rapport *The Future of Wealth and Growth Hangs in the Balance* (2023), indique qu'au cours des deux dernières décennies, les prix des actifs ont généré environ 160 000 milliards de dollars de « *paper wealth* », et que chaque dollar investi a été accompagné d'environ 1,90 dollar de dette.

[2] Jihan Abbas, *External Debt and Its Impact on Economic Growth in Sub-Saharan Africa: An Econometric Study*, Journal of Politics and Economics, vol. 17, no. 16, October 2022, pp. 6–37.

émergents, confirmant le caractère mondial du phénomène. Selon l'Organisation de coopération et de développement économiques (OCDE), plus de trente pays avancés connaissent une augmentation de leur endettement au-delà de ce seuil. Parmi les pays les plus développés du G20, le ratio de la dette a atteint en 2024 : 126 % du PIB aux États-Unis, 102 % au Royaume-Uni, 111 % en France et 144 % en Italie, tandis que dans les pays en développement, les niveaux ont atteint des valeurs sans précédent. En 2024, le le ratio de la dette a atteint 186 % au Soudan, 176 % en Érythrée, 150 % en Liban, 120 % en Tunisie et 130 % en Égypte [1].

L'endettement ne devient plus un levier de financement du développement, mais plutôt un facteur contraignant, générateur de déséquilibres économiques, sociaux et politiques. Sur le plan économique, il freine la croissance en exerçant une pression accrue sur les finances publiques, en mobilisant une part croissante des ressources au titre du service de la dette et en réduisant les capacités d'investissement productif. Ainsi, la dette se transforme progressivement d'un instrument de financement en un fardeau cumulatif pesant sur la dynamique de croissance.

Les conséquences sociales de l'endettement sont significatives. La contrainte du service de la dette pousse souvent les États à adopter des politiques d'ajustement budgétaire douloureuses, une augmentation de la pression fiscale et/ou une réduction des dépenses sociales, ce qui entraîne une détérioration du pouvoir d'achat et une aggravation des inégalités sociales. En outre, l'endettement soulève une problématique d'équité intergénérationnelle, dans la mesure où les charges contractées par une génération sont supportées par les générations futures, notamment lorsque les ressources empruntées n'ont pas été investies dans des projets productifs.

---

[1] FMI. *Fiscal Monitor, October 2024 : Putting a Lid on Public Debt*, Washington D.C. : FMI, octobre 2024.

Enfin, la dépendance vis-à-vis des créanciers internationaux, en particulier des institutions financières internationales, peut nuire à la souveraineté économique des États débiteurs, à travers l'imposition de réformes et de politiques économiques non appropriées. Dans certains cas, l'endettement devient ainsi un instrument d'influence, voire de contrainte, exposant les pays concernés à des pressions externes susceptibles d'affecter leur stabilité économique, sociale.

4. Les solutions conventionnelles à la crise de la dette : Sur le plan théorique, le recours à l'endettement comme instrument de financement du développement n'a pas fait l'objet d'un consensus parmi les économistes, mais a plutôt suscité des divergences d'analyse quant à son efficacité et à ses implications macroéconomiques, notamment en matière de politiques budgétaire et monétaire.

Les tenants de l'école classique défendent une approche restrictive fondée sur le principe de l'équilibre budgétaire et une perception globalement négative de l'endettement public. Dans cette perspective, le financement des dépenses publiques par l'endettement est perçu comme économiquement inefficace, dans la mesure où il tend à détourner l'épargne privée de ses usages productifs, limitant ainsi l'accumulation du capital. C'est dans ce cadre que Adam Smith mettait en garde contre les effets néfastes de la dette publique, en préconisant d'en restreindre l'usage aux seules circonstances exceptionnelles, notamment en période de guerre, tout en insistant sur la nécessité de procéder à son apurement rapide par le biais de la fiscalité[1].

À l'inverse, plusieurs courants de pensée - en particulier les approches marxiste, historiciste et keynésienne - attribuent au financement par endettement un rôle potentiellement constructif dans la dynamique économique. Pour Karl Marx, le recours à l'emprunt peut constituer une alternative

[1] Adam Smith : « Recherches sur la nature et les causes de la richesse des nations », 1776, livre V, chapitre II.

socialement moins coûteuse que l'alourdissement de la fiscalité, dont le poids repose généralement sur les catégories les plus vulnérables. Dans la même veine, Adolph Wagner[1] souligne que la dette publique peut contribuer à la mobilisation des ressources inemployées, à condition d'être strictement orientée vers des dépenses d'investissement productif, excluant ainsi le financement de dépenses de consommation susceptibles de générer des déséquilibres durables.

Dans une perspective plus approfondie, Carl Dietzel[2] considère l'économie du crédit comme un stade avancé du développement économique, dans lequel le recours à l'endettement traduit un certain degré de sophistication financière. Cette analyse converge, en partie, avec l'approche keynésienne qui confère à la dette un rôle central dans la régulation conjoncturelle. En effet, John Maynard Keynes légitime le financement par déficit en situation de sous-emploi, en soutenant que l'expansion de la dépense publique stimule la demande effective, favorise l'investissement et contribue au rétablissement de l'équilibre macroéconomique. Dans cette optique, la priorité est accordée à la relance de l'activité et à la réduction du chômage, tandis que l'équilibre budgétaire est relégué au rang d'objectif secondaire[3].

Ainsi, les solutions conventionnelles au problème de l'endettement oscillent entre une approche orthodoxe, attachée à la discipline budgétaire et à la limitation du recours à la dette, et une approche interventionniste qui en fait un instrument de politique économique. Cette dualité met en évidence les limites des cadres analytiques traditionnels, qui peinent à concilier de manière durable les impératifs de croissance, de stabilité macroéconomique et de soutenabilité de la dette.

---

1 Adolph Wagner, *Les fondements de l'économie politique*, 1904.

2 Holtfrerich, Carl-Ludwig, *Government Debt in Economic Thought of the Long 19 th Century*, Free University of Berlin, 2012.

3 JM. Keynes, *La théorie générale*, livre V p, 271

5. Les mécanismes d'intervention des institutions internationales dans la gestion de la dette : Ces instruments s'articulent autour de trois axes majeurs. Le premier concerne la restructuration de la dette, visant à réorganiser les engagements financiers des États afin d'en restaurer la soutenabilité. Le deuxième, repose sur les mécanismes d'échange de dettes, qui permettent de convertir certaines créances en investissements ou en engagements spécifiques. Enfin, le troisième axe porte sur le rééchelonnement de la dette, consistant à aménager le calendrier de remboursement afin d'alléger les contraintes financières à court terme et de donner aux économies concernées une marge de manœuvre pour se redresser.

Le premier axe concerne la restructuration de la dette : Elle consiste en une renégociation des conditions d'endettement ou en une réorganisation des engagements financiers de manière à en améliorer la soutenabilité pour l'emprunteur. Concrètement, ce processus peut prendre la forme d'un allongement des maturités, d'une réduction des taux d'intérêt ou encore d'un allègement du stock de dette par annulation partielle. L'objectif principal est de prévenir les situations de défaut en offrant à l'État débiteur une marge d'ajustement, à travers une diminution du service de la dette ou un étalement des échéances, lui permettant de rétablir progressivement ses équilibres macroéconomiques.

Toutefois, les procédures de restructuration se caractérisent souvent par leur longueur et leur complexité, ce qui peut, paradoxalement, aggraver la crise au lieu de la résorber. En cas d'échec des négociations, le pays débiteur se trouve généralement confronté à des arbitrages contraints : soit recourir à un refinancement par accumulation de nouvelles dettes, alourdissant ainsi le fardeau global, soit opter pour un rééchelonnement impliquant des coûts supplémentaires liés aux intérêts, soit, en dernier ressort, déclarer un défaut de paiement, avec pour conséquence une exclusion partielle ou totale des marchés financiers internationaux.

Sur le plan historique, les premières opérations de restructuration ont été mises en œuvre au milieu des années 1980, notamment à travers le plan Baker (1985), qui a concerné plusieurs pays fortement endettés, principalement en Amérique latine. Ce programme, adossé aux mécanismes d'ajustement structurel promus par le Fonds monétaire international, visait à restaurer la croissance en combinant réformes économiques et octroi de nouveaux financements, sous étroite surveillance internationale. Néanmoins, les limites de cette approche sont rapidement apparues, dans la mesure où elle reposait sur l'hypothèse d'une crise conjoncturelle susceptible d'être résolue par des ajustements macroéconomiques standards.

Face à l'aggravation de la crise de la dette, une nouvelle initiative a été lancée à la fin des années 1980 avec le plan Brady (1989), fondé sur la titrisation des créances sous forme d'obligations négociables, les « Brady Bonds », assorties de garanties partielles apportées notamment par le Trésor américain. Ce dispositif visait à restaurer la liquidité et la confiance en permettant aux pays débiteurs de racheter leurs dettes sur les marchés secondaires, de la convertir en investissements ou de la céder à des tiers. En contrepartie, les banques créancières acceptaient des réductions nominales de créances et des injections de liquidités.

Ce programme, soutenu conjointement par le Fonds monétaire international et la Banque mondiale, était conditionné à la mise en œuvre de réformes structurelles profondes : dévaluation des monnaies, libéralisation des prix, contraction de la demande, réduction des déficits publics, suppression des subventions, hausse des taux d'intérêt, ouverture commerciale et privatisations. Bien que ces mesures aient permis, dans certains cas, une réduction du stock de dette de l'ordre de 30 % à 50 %[1], les résultats globaux sont demeurés décevants. Dans de nombreux pays, la charge de la dette s'est alourdie, les paiements se sont accrus et les épisodes de défaut se sont multipliés, révélant ainsi les limites structurelles de cette approche.

Le deuxième axe concerne la conversion des dettes en actifs : Ce type de dispositif, mobilisé depuis plusieurs décennies, vise à atténuer le poids de la dette dans les pays en développement tout en offrant aux créanciers des formes alternatives de recouvrement. Il recouvre une pluralité d'instruments, tels que les échanges dette-contre-dette, les conversions de dette en actifs réels (souvent qualifiées de « dette contre développement »), les échanges contre actions ou obligations, les conversions en parts de capital, ou encore les mécanismes liant dette et exportations ou dette et monnaie locale afin de faciliter le service ou le rachat des créances.

Parmi ces dispositifs, la conversion de dette en projets de développement a connu un succès particulier. Elle consiste généralement à transformer une dette libellée en devises étrangères en financement de projets domestiques, via une conversion en monnaie locale, souvent assortie d'une décote significative. Dans la pratique, ce mécanisme implique fréquemment l'intervention d'organisations non gouvernementales internationales, qui acquièrent la dette sur le marché secondaire à un prix réduit, puis la revendent à l'État débiteur en monnaie nationale, générant ainsi un double effet d'allègement. Les ressources ainsi mobilisées sont ensuite affectées au financement de projets de développement préalablement définis en concertation avec les autorités nationales. Ce type de mécanisme a été largement utilisé, notamment en Amérique latine, dans un contexte d'aggravation de la crise de la dette. Des pays tels que la Bolivie, le Costa Rica ou encore l'Équateur y ont eu recours,

---

[1] Williamson, John (dir.), *Voluntary Approaches to Debt Relief*, Institute for International Economics, Washington D.C., 1988.

avec des résultats contrastés : si ces instruments ont contribué à financer certains projets, leur impact sur la réduction durable du stock de dette est demeuré limité.

Le troisième axe concerne le rééchelonnement de la dette : Il s'agit de la reprogrammation de la dette, destinée aux pays dont l'endettement atteint des niveaux insoutenables, entraînant une crise qui oblige à négocier avec les créanciers pour réorganiser le calendrier des remboursements. L'objectif est de permettre au pays débiteur de payer régulièrement ses échéances tout en allégeant temporairement le fardeau financier, par le report et l'allongement de la durée des prêts, mais selon de nouvelles conditions. Cette approche vise à offrir un nouveau souffle au pays, en lui accordant le temps nécessaire pour corriger sa situation avant de reprendre les paiements.

Il convient de distinguer la reprogrammation de la restructuration de la dette. La restructuration consiste en une renégociation des conditions de la dette et s'applique aux pays ayant déjà atteint un état de défaut de paiement, tandis que la reprogrammation est une option pour les pays approchant de la faillite, déclarée ou tacite, et nécessite l'intervention du Club de Paris, chargé des dettes souveraines publiques, alors que le Club de Londres traite les dettes commerciales. La reprogrammation s'appuie sur un programme de réformes structurelles supervisé par le FMI, visant à corriger les déséquilibres financiers et à rétablir l'équilibre de la balance des paiements à moyen terme, rassurant ainsi les créanciers sur la capacité future du pays à honorer ses dettes.

Les conditions de reprogrammation ont été codifiées dans plusieurs accords internationaux, notamment ceux de Houston (1990), Naples (1994) et Cologne (1999). L'accord de Houston permettait une reprogrammation sur 15 ans ou plus, avec un délai de grâce de deux ans et un calcul des intérêts basé sur les taux du marché, sans excéder les taux initiaux. L'accord de Naples prévoyait l'annulation partielle des dettes ordinaires (jusqu'à 67 %) et la reprogrammation du reste sur 23 ans, avec un délai de grâce de six ans pour la dette ordinaire et des conditions spécifiques pour les aides publiques au développement. L'accord de Cologne, reprenant ces principes, portait l'annulation des dettes ordinaires jusqu'à 90 % et autorisait le dédoublement de la dette selon les termes de Houston. Ces programmes ont été appliqués à des pays pauvres, notamment la Mauritanie et le Yémen.

Cependant, après plus de deux décennies d'application, il est apparu que ces programmes, bien qu'ils aient tenté de limiter le recours à de nouveaux emprunts, n'ont pas permis le remboursement effectif des dettes ni la réduction substantielle de l'endettement. Dans 36 pays en développement ayant suivi ces programmes, la dette extérieure est passée de 82 % du PIB au milieu des années 1980 à 154 % au milieu des années 1990, tandis que dans les pays n'y ayant pas recours, elle est passée de 56 % à 76 % du PIB sur la même période[1]. De plus, la reprogrammation a souvent conduit à une augmentation considérable du coût de la dette, en raison des intérêts accumulés pendant la période de report, pouvant entraîner le doublement du montant initial sur quinze ans.

Ainsi, l'ensemble des stratégies expérimentées au cours des quarante dernières années dans plus de cinquante pays lourdement endettés montre que l'approche traditionnelle, sous ses différentes formes, a échoué. Elle a souvent aggravé l'endettement et étendu son impact. Il est donc crucial que les créanciers et les institutions financières internationales reconsidèrent les programmes existants, notamment les programmes de réformes structurelles, qui ont perdu leur légitimité et ne sont plus acceptables pour les populations des pays débiteurs.

---

[1] Kolko, G, *De la faillite des dôgmes*. Le Monde diplomatique. Paris. Mai 1998.

6. Les expériences internationales réussies de gestion de la dette publique : L'examen des expériences internationales en matière de gestion de l'endettement met en évidence des trajectoires contrastées entre pays en difficulté et économies ayant réussi à contenir, voire à réduire significativement leur niveau d'endettement. Selon les données publiées par le Fonds monétaire international dans ses rapports périodiques sur la dette mondiale[1], un nombre non négligeable de pays ont rencontré des difficultés de remboursement, certains ayant même accusé des retards de paiement. Parmi eux figurent notamment le Vietnam, la Bosnie-Herzégovine, le Soudan, l'Égypte, la République démocratique du Congo, Cuba ou encore l'Irak, illustrant la persistance de vulnérabilités structurelles dans de nombreuses économies.

À l'opposé, certaines économies se distinguent par des niveaux d'endettement particulièrement faibles, traduisant des choix macroéconomiques prudents et une gestion rigoureuse des finances publiques. C'est le cas de Hong Kong, dont le ratio de dette publique est quasi nul, ainsi que de Brunei, de Estonie, du Botswana, de la Russie, de la République démocratique du Congo, de Azerbaïdjan ou encore du Koweït, qui affichent des ratios d'endettement nettement inférieurs aux standards internationaux. Ces performances reflètent, pour l'essentiel, une combinaison de discipline budgétaire, de valorisation des ressources internes et, dans certains cas, de rentes naturelles importantes.

Par ailleurs, certaines économies émergentes ont réussi à engager des trajectoires de désendettement significatives, notamment en se libérant progressivement de la dépendance vis-à-vis des financements du Fonds monétaire international et en procédant au remboursement anticipé de leurs engagements. C'est notamment le cas de la Malaisie (1996), de la Corée du Sud (2001), du Brésil (2005), ainsi que de la Russie, de l'Argentine et de l'Uruguay (2006). D'autres pays, à l'instar

---

1 IMF : International Debt Report 2023

de la Turquie, de la Lettonie, de la Hongrie, de la Macédoine du Nord, de la Roumanie ou encore de l'Islande (2015), ont également mis en œuvre des stratégies de stabilisation et de réduction de leur endettement, avec des degrés de réussite variables.

Dans cette perspective, l'analyse approfondie de certaines expériences réussies, en particulier celles de la Corée du Sud, de la Turquie et de la Malaisie, apparaît particulièrement instructive. Ces trajectoires offrent des enseignements précieux en matière de politiques économiques, notamment en ce qui concerne la mobilisation des ressources internes, la gestion active de la dette et le rôle actif de l'État dans la promotion des investissements

L'expérience de la Corée du Sud constitue l'un des exemples les plus emblématiques de réussite en matière de gestion et de résorption de la dette. À l'instar de nombreuses économies en développement, ce pays a traversé une phase marquée par le recours au Fonds monétaire international et l'adoption de programmes d'ajustement structurel. Toutefois, la spécificité du cas coréen réside dans sa capacité à négocier de manière pragmatique le contenu des réformes, en veillant à leur adéquation avec les réalités nationales, avant d'opérer un recentrage progressif vers des politiques économiques mieux adaptées à ses priorités de développement.

La crise financière asiatique de 1997 a constitué un tournant décisif pour l'économie coréenne, se traduisant par une forte contraction des réserves de change et un recours massif à un financement d'urgence, estimé à près de 58 milliards de dollars, dans le cadre d'un programme d'ajustement rigoureux. Néanmoins, cette phase d'endettement a été de courte durée : en l'espace de trois années seulement, les autorités coréennes sont parvenues à rembourser l'intégralité de leurs engagements tout en renouant avec une trajectoire de croissance soutenue. Cette résilience a permis au pays d'aborder la crise financière mondiale de 2008 dans une position nettement plus solide que celle de plusieurs économies asiatiques comparables.

Plusieurs facteurs structurels expliquent cette performance. En premier lieu, le rôle central de l'État, caractérisé par une intervention stratégique et ciblée, a permis de consolider les infrastructures économiques, d'améliorer l'environnement des affaires et de soutenir les secteurs productifs. L'État n'a pas hésité à recapitaliser certaines grandes entreprises en difficulté afin de préserver le tissu industriel, en s'écartant des recommandations standardisées prônant leur liquidation.

En deuxième lieu, un effort soutenu a été consenti en faveur du capital humain, à travers des investissements massifs dans l'éducation, la santé, le logement et la recherche scientifique, contribuant ainsi à l'amélioration continue de la productivité et à la montée en gamme technologique de l'économie.

Par ailleurs, la stratégie de croissance a reposé sur une forte orientation vers l'exportation, considérée comme un moteur essentiel du développement, initialement soutenue par des politiques de protection ciblée des industries naissantes. Cette dynamique a été complétée par une mobilisation accrue de l'épargne nationale, orientée vers l'investissement productif, dans le but de réduire la dépendance vis-à-vis des financements extérieurs, tout en attirant les investissements directs étrangers.

Enfin, le développement de grands conglomérats industriels a joué un rôle déterminant dans la transformation structurelle de l'économie coréenne. Des groupes tels que Samsung ou Kia se sont progressivement imposés comme des acteurs majeurs à l'échelle mondiale, contribuant à renforcer la compétitivité internationale du pays et à soutenir durablement sa croissance économique.

L'expérience de la Malaisie constitue également un modèle particulièrement abouti en matière de maîtrise de l'endettement et de transformation structurelle de l'économie. Elle s'inscrit dans le cadre d'une vision stratégique de long terme, incarnée par le programme « Vision 2020 », fondé sur une articulation équilibrée entre le principe d'autonomie économique et l'ouverture maîtrisée sur l'extérieur. Cette orientation a permis au pays d'enregistrer, en l'espace de quelques décennies, des taux de croissance soutenus tout en parvenant à réduire significativement sa dépendance à l'endettement extérieur, grâce à l'adoption de pratiques de gouvernance économique modernes et efficaces.

Parmi les déterminants majeurs de cette réussite figure la priorité accordée à la mobilisation des ressources internes. La Malaisie a réussi à augmenter le niveau de l'épargne nationale, atteignant des niveaux particulièrement élevés (27 % en 2022[1]), ce qui a permis de financer une part importante de l'investissement sans recourir excessivement aux financements extérieurs. Parallèlement, le pays a diversifié ses instruments d'échange, notamment à travers des accords de compensation et des mécanismes de troc avec certains partenaires, tout en mettant en place des politiques rigoureuses de stabilisation monétaire et de lutte contre la corruption et les pratiques monopolistiques.

En outre, la Malaisie a développé un cadre institutionnel et juridique attractif en vue de capter les investissements directs étrangers. Cette stratégie visait non seulement à pallier l'insuffisance relative du capital domestique, mais également à favoriser l'intégration des différentes composantes de la société dans le processus productif, contribuant ainsi au renforcement des capacités nationales. Dans le même esprit, un effort soutenu a été consenti en faveur du capital humain, à travers des investissements significatifs dans l'éducation, représentant une part notable du budget public (4,5 % chaque

[1] Données de la Banque Mondiale

année[1]), ainsi que par la valorisation des ressources naturelles nationales, notamment dans les secteurs de l'huile de palme, du caoutchouc et du bois.

Cette combinaison de politiques a permis à la Malaisie d'atteindre des taux de croissance élevés et relativement stables (8,7 % en 2022[2]), soutenus par la mise en place de zones de développement économique et la réalisation de projets d'envergure à forte intensité de main-d'œuvre. Ces choix ont contribué à maintenir le taux de chômage à des niveaux particulièrement faibles sur le long terme (3,9 % en 2023[3]).

Enfin, le développement d'un système financier islamique structuré a joué un rôle déterminant dans la réduction du recours à l'endettement externe. La mise en place d'institutions bancaires islamiques, de sociétés d'assurance (*Takaful*), de marchés de *Sukuk* ainsi que de mécanismes institutionnels tels que les fonds de *Zakat* a permis de diversifier les sources de financement et de renforcer l'ancrage de l'économie dans des activités réelles, contribuant ainsi à une gestion plus soutenable de la dette.

L'expérience de la Turquie constitue un troisième exemple significatif de réussite en matière de réduction de l'endettement. Selon les données de la Banque mondiale[4], la Turquie figure aujourd'hui parmi les principales économies mondiales, occupant une place de premier plan en termes de produit intérieur brut, lequel a franchi, pour la première fois, le seuil du trillion de dollars. Cette performance s'est accompagnée de son intégration au sein du Groupe des vingt, consacrant ainsi son statut d'économie émergente majeure (classé 119ème en 2000, la Turquie est devenu 19ème mondial en 2022). Par ailleurs, le pays est parvenu, dès 2013, à apurer l'intégralité de ses engagements vis-à-vis du Fonds monétaire

---

1 Données de la Banque Mondiale

2 Idem

3 Idem

4 Idem

international, marquant une étape décisive dans son processus de désendettement.

Cette trajectoire s'explique par la convergence de plusieurs facteurs structurels. En premier lieu, la stabilité politique et la continuité de l'action gouvernementale ont permis la mise en œuvre cohérente d'une stratégie de développement ambitieuse, favorisant une progression rapide du PIB réel dépassant les 5% durant les deux dernières décennies. Cette dynamique a été renforcée par un environnement macroéconomique relativement stable, caractérisé par des taux de croissance soutenus sur une longue période.

En second lieu, les réformes institutionnelles engagées ont contribué à améliorer significativement le climat des affaires. Les efforts déployés en matière de lutte contre la corruption, de simplification des procédures administratives et de renforcement de l'indépendance et de la transparence du système judiciaire ont permis de lever de nombreux obstacles à l'investissement, tant domestique qu'étranger.

Par ailleurs, le modèle de croissance adopté repose sur une stratégie tournée vers l'exportation. Cette orientation s'est traduite par une augmentation substantielle des exportations, qui ont connu une progression remarquable au cours des deux dernières décennies passant de 35 milliards de dollars US en 2002 à près de 254 milliards de dollars US en 2022[1]. L'accumulation de recettes en devises qui en a résulté a permis de renforcer les réserves de change et de soutenir la capacité du pays à honorer ses engagements extérieurs, contribuant ainsi à la réduction de son endettement extérieur.

La gestion soutenable de la dette associée à des taux de croissance élevés à long terme en Turquie s'explique essentiellement par l'existence d'une stabilité politique et l'adoption de réformes institutionnelles visant la création d'un climat des affaires favorable.

---

[1] Idem

7. L'endettement dans le modèle d'économie de marché islamique : Le modèle d'économie de marché islamique repose fondamentalement sur une logique de financement adossée aux ressources réelles plutôt qu'à l'endettement. Il s'inscrit dans une économie intrinsèquement connectée à la sphère productive, privilégiant les transactions commerciales et les mécanismes de partage des risques, au détriment des opérations de crédit fondées sur l'intérêt. Dans cette perspective, toute créance financière doit être adossée à un actif réel, qu'il s'agisse d'un contrat de vente, de location ou de partenariat. Ainsi, l'endettement, lorsqu'il existe, émane de l'économie réelle et se distingue radicalement des dettes purement monétaires caractéristiques des systèmes conventionnels.

Toutefois, l'interdiction de l'intérêt n'exclut pas la solidarité financière. L'islam encourage le recours au prêt sans intérêt (*Qardh Hassan*) en tant qu'instrument de soutien ponctuel aux agents économiques en difficulté. Néanmoins, même sous cette forme, l'endettement demeure une solution exceptionnelle et transitoire, destinée à répondre à des besoins spécifiques lorsque les mécanismes islamiques de financement s'avèrent insuffisants. Il est perçu comme une contrainte pour l'agent débiteur, ce qui explique la forte incitation à en limiter le recours.

Dans cette optique, l'objectif central consiste à opérer une transition progressive d'une économie fondée sur l'accumulation de dettes vers une économie fondée sur la participation, les actifs et la création de valeur réelle. Une telle transformation requiert une approche graduelle et pragmatique, tenant compte des spécificités structurelles de chaque économie, afin d'édifier un système financier soutenable, capable de garantir une croissance durable et de préserver les équilibres macroéconomiques à long terme.

À cet effet, le modèle d'économie de marché islamique préconise une contraction progressive de la sphère monétaire au strict nécessaire, au profit et au service de la sphère réelle.

Ce modèle accorde aussi une importance centrale au développement des marchés financiers, appelés à devenir le principal canal de financement de l'économie, en assurant une allocation efficiente de l'épargne vers l'investissement productif.

Ce cadre s'articule également autour d'un rôle spécifique de l'État, qualifié d'État régulateur et stratège, qui se distingue à la fois de l'État minimal des approches libérales et de l'État interventionniste des modèles keynésiens ou socialistes. Dans ce modèle, l'intervention publique privilégie les dépenses d'investissement productif et les incitations fiscales destinées à stimuler l'initiative privée. Le financement de l'investissement public s'effectue prioritairement via les marchés financiers, notamment à travers l'émission de titres conformes aux principes de la finance islamique, tandis que le recours à l'endettement demeure strictement encadré et exceptionnel.

Par ailleurs, ce modèle encourage une transformation progressive du système bancaire. Les banques conventionnelles sont incitées à développer des fenêtres islamiques, favorisant ainsi une transition graduelle vers des activités fondées sur l'investissement et le partage des risques. Dans cette dynamique, les autorités monétaires peuvent orienter le crédit vers les activités productives, en fixant des quotas croissants dédiés au financement de l'investissement, jusqu'à faire évoluer les banques vers un modèle davantage orienté vers l'intermédiation financière productive.

En outre, l'État, dans ce cadre, ne recourt pas à l'emprunt bancaire classique pour financer ses dépenses. Celles-ci sont couvertes principalement par les ressources fiscales, les mécanismes de redistribution tels que la *Zakat*, ainsi que par la mobilisation de l'épargne à travers les marchés financiers, notamment via les *Sukuk*, accessibles aux investisseurs nationaux et internationaux.

Enfin, le modèle d'économie de marché islamique accorde une attention particulière à la mobilisation de l'épargne nationale et internationale. Il encourage l'intégration des diasporas dans le financement de l'économie, ainsi que l'ouverture maîtrisée aux capitaux étrangers. Le développement d'écosystèmes financiers dynamiques - incluant les start-ups, le capital-risque et les institutions d'intermédiation - constitue également un levier essentiel pour renforcer la capacité d'investissement.

CONCLUSION GENERALE

L'objectif de cet ouvrage était de mettre en évidence les principaux traits d'un modèle de développement d'inspiration islamique, spécifiquement élaboré pour les sociétés musulmanes, en soulignant le rôle déterminant des dimensions culturelles et normatives dans sa construction ainsi que dans la réussite du processus de développement, lequel demeure confronté à des difficultés significatives dans la plupart de ces sociétés.

Il s'est avéré nécessaire de procéder à une clarification conceptuelle de l'économie de marché, afin de la dégager de l'appropriation exclusive dont elle fait l'objet dans le cadre du système capitaliste, en particulier dans sa version néolibérale dominante, laquelle exerce une influence largement hégémonique sur l'économie mondiale. En effet, l'association de l'économie de marché au seul système capitaliste, ainsi que la domination de ce dernier, ont profondément déformé ce concept, au point de le réduire à un monopole intellectuel du paradigme capitaliste, voire à une propriété supposée exclusive. Dans cette perspective, il apparaît que les autres courants de pensée, systèmes économiques et sociétés qui ne s'inscrivent pas dans les principes du capitalisme ni dans ses choix de développement se trouvent, de fait, privés de la possibilité de mobiliser ce concept et de l'adapter à leurs propres réalités sociales et culturelles en vue d'élaborer des systèmes économiques qui leur soient spécifiques.

Il était également nécessaire de mettre en lumière la centralité du marché dans la pensée économique islamique, tant sur le plan théorique - à travers le patrimoine jurisprudentiel - que sur le plan pratique, à travers les expériences historiques des différentes périodes de la civilisation islamique. Toutefois, la littérature en économie islamique ne revendique en aucun cas une appropriation exclusive ni une monopolisation intellectuelle de ce concept.

C'est dans ce cadre qu'il devient possible de fonder un modèle de développement reposant sur la notion d'économie de marché dans une perspective islamique, adaptable aux différents pays musulmans selon leurs spécificités, leurs conditions, leurs structures sociales et leurs potentiels économiques.

Le « modèle de développement » désigne le cadre de référence permettant de définir les orientations stratégiques et les grands choix dans lesquels s'inscrivent les réformes structurelles et les politiques publiques visant la réalisation des objectifs économiques et sociaux. Il s'agit d'un ensemble de principes directeurs et de repères normatifs, complété par des priorités déterminées en fonction des réalités concrètes, ainsi que par des choix généraux traduits en politiques économiques, financières, fiscales, monétaires et sectorielles (agricole, industrielle et de services).

Dans ce cadre, les principaux éléments du modèle proposé ont été structurés autour de trois niveaux : les grandes lignes, les orientations et les politiques.

Les grandes lignes englobent les principes de référence propres à chaque société, à savoir : les finalités globales de l'économie islamique, qui constituent le cadre de référence adopté par la société ; la vision stratégique du pays, exprimant les aspirations des individus et de la collectivité dans un horizon temporel déterminé ; les constantes culturelles et les spécificités sociales ; les enseignements tirés des expériences réussies ; ainsi que les principes de l'économie de marché islamique.

Les orientations concernent l'ensemble des choix et des priorités de développement du modèle d'économie de marché islamique, notamment en ce qui concerne la définition du rôle des acteurs économiques, celui du secteur privé, de l'État et de l'économie sociale et solidaire.

Les politiques publiques se rapportent, quant à elles, au marché financier, à la politique monétaire, à la politique budgétaire et aux politiques sectorielles.

Le modèle d'économie de marché islamique retient comme objectifs majeurs la lutte contre la pauvreté, la réduction du chômage et la maîtrise de l'inflation. Bien que ces objectifs soient partagés par d'autres modèles de développement, ils font l'objet d'un traitement spécifique, distinct sur les plans méthodologique, conceptuel et opérationnel, comme cela a été exposé tout au long de la recherche.

Enfin, le dernier chapitre est consacré aux mécanismes permettant d'atteindre ces objectifs, à savoir la lutte contre la corruption, l'accélération de la croissance et la réduction de l'endettement, considérés comme les principales contraintes structurelles des économies de la plupart des économies contemporaines.

LES PRINCIPALES IDEES DE L'OUVRAGE

1. La revalorisation des constantes culturelles et des spécificités nationales dans la construction du modèle de développement de chaque pays islamique implique l'intégration du système de valeurs islamiques au sein des composantes du modèle. Cette démarche requiert la mobilisation de ses dimensions positives en vue de renforcer la participation sociale ainsi que la souveraineté nationale.
2. Asseoir la création de richesse sur l'économie réelle afin de promouvoir une croissance effective, inclusive et durable, garantissant des conditions de vie dignes ainsi que la résilience de l'économie.
3. Adopter une logique d'autofinancement de l'économie à travers le développement des mécanismes de dépense, d'échange et de propriété, tout en reliant le financement aux actifs réels plutôt qu'à l'endettement, notamment par le recours aux instruments de la finance islamique.
4. Transformer le rôle des banques commerciales en institutions d'intermédiation et d'investissement orientées vers l'économie réelle, appelées à partager les risques avec les acteurs économiques et à ne pas contribuer à des mécanismes de création monétaire à caractère inflationniste.
5. Faire du rendement un instrument central de la politique monétaire, afin d'orienter les dépôts vers l'investissement productif et de limiter la thésaurisation, contribuant ainsi à la création de richesse et à la stabilité des prix.
6. Opérer une transition d'une économie fondée sur la dette vers une économie reposant sur les actifs réels et la participation, tout en maîtrisant la croissance de la masse monétaire et en réduisant progressivement la dépendance au taux d'intérêt.
7. Mettre en place une politique fiscale équitable fondée sur la *Zakat* comme base principale et l'impôt comme complément, avec un élargissement de l'assiette fiscale, une réduction des taux et une rationalisation des dépenses

publiques à travers une bonne affectation des ressources publiques.

8. Dynamiser l'économie sociale et solidaire par la revitalisation des institutions de la *Zakat*, du *Waqf* et du prêt sans intérêt (*Qardh Hasan*), historiquement essentielles à la solidarité sociale et à la lutte contre la pauvreté.

9. Le recours au seuil de la *Zakat* pour la détermination du seuil de pauvreté : une alternative au seuil de 2 dollars par jour de la Banque mondiale

10. Utiliser le concept de « *Had Al-Kifaya* » comme indicateur de bien-être et de développement, dépassant les limites des indicateurs classiques de pauvreté et de développement humain. Il peut être mesuré par le seuil du *Nisab* de la *Zakat*.

11. Promouvoir un État « providence, actif et responsable », dépassant les notions d'État minimal et d'État planificateur.

12. Appréhender la corruption comme cause structurelle du sous-développement, à travers une approche intégrée combinant prévention, régulation, éthique et action institutionnelle, au-delà du paradigme de la rareté des ressources.

BIBLIOGRAPHIE

ABBAS, Jihan, *External Debt and Its Impact on Economic Growth in Sub-Saharan Africa: An Econometric Study*, Journal of Politics and Economics, vol. 17, num 16, october 2022.

AKERLOF, George, *The Market for Lemons*, Quarterly Journal of Economics, 1970.

AL-FAWZAN, Salih, *Zakat on State Funds : A Juristic Study*, Journal of the Saudi Jurisprudence Association, num 16, 2013.

AL-HOURANI, Yasser, *The Standard of Sufficiency and Its Impact on Zakat Entitlement: A Foundational Study*, Dubaï, Department of Islamic Affairs and Charitable Activities, 2017.

AL-LUH, Abd al-Salam Hamdan et ANBAR, Mahmoud Hashim, *Addressing the Problem of Poverty : An Objective Qur'anic Study*, Journal of the Islamic University (Islamic Studies Series), vol. 17, num 1, January 2009.

AL-QARADAGHI, Ali Muhyiddin, *Wealth in Islam: A Juristic Foundational Study*, paper presented in 18e session of European Council for Fatwa and Research, Paris, 2008.

AL-QARADAWI, Yusuf, *Fiqh al-Zakah*, Djeddah, Islamic Book Service, 2000.

AL-TABARANI, Abu al-Qasim Sulayman ibn Ahmad, *Al-Mu'jam al-Kabir*, Beyrouth, Dar al-Kutub al-'Ilmiyya.

ANAS, Malik ibn, *Al-Muwatta'*, Beyrouth, Dar al-Kutub al-'Ilmiyya.

ARROW, Kenneth, *Social Choice and Individual Values*, New York, Wiley, 1951.

BANQUE MONDIALE, *Pauvreté et prospérité partagée*, Washington, 2018.

CHAMBERLIN, Edward H., *The Theory of Monopolistic Competition*, Cambridge, Harvard University Press, 1933.

CHAPRA, M. Umer, *Islam and Economic Development: A Strategy for Development with Justice and Stability*, Leicester, Islamic Foundation, 1993.

CHAPRA, M. Umer, *The Future of Economics: An Islamic Perspective*, Leicester, Islamic Foundation, 2000.

CHAPRA, M. Umer, *Islam and Economic Development*, Leicester, 1993

COASE, Ronald H., *The Problem of Social Cost*, Journal of Law and Economics, 1960.

COLLINS, J. et MOULABIE, F., *The Making of Hunger and the Myth of Scarcity*, Koweït, National Council for Culture, Arts and Letters, 1983.

EUCKEN, Walter, *Principles of Economic Policy*, Cheltenham, Edward Elgar Publishing, 2004.

FOOD AND AGRICULTURE ORGANIZATION (FAO), *The State of Food and Agriculture 2016: Climate Change, Agriculture and Food Security*, Rome, 2016.

FONDS MONÉTAIRE INTERNATIONAL (FMI), *Gestion de la dette extérieure*, document num 91/6, Washington, 1991.

FONDS MONÉTAIRE INTERNATIONAL (FMI), *External Debt Statistics: Guide for Compilers and Users*, Washington D.C., 2003.

FONDS MONÉTAIRE INTERNATIONAL (FMI), *Fiscal Monitor 2024 : Putting a Lid on Public Debt*, Washington D.C., 2024.

HAYEK, Friedrich, *The Road to Serfdom*, Chicago, University of Chicago Press, 1944.

HOLTFRERICH, Carl-Ludwig, *Government Debt in Economic Thought of the Long 19th Century*, Berlin, Free University of Berlin, 2012.

IBN KHALDOUN, *Al-Muqaddima*, Beyrouth, Dār al-Kitāb al-Lubnānī, 1959.

INAYAH, Ghazi Hussein, *The Principles of Public Expenditure in Islamic Fiscal Thought: A Comparative Study*, Beyrouth, Dar al-Jil, 1980.

ISSING, Otmar, *The Role of Central Banks*, Cambridge, Cambridge University Press, 2003.

KALDOR, Nicholas, *Conflicts in National Economic Objectives*, The Economic Journal, vol. 81, n° 321, 1971.

KEYNES, John Maynard, *The General Theory of Employment, Interest and Money*, Londres, Macmillan, 1936.

KOLKO, Gabriel, *De la faillite des dogmes*, Le Monde diplomatique, Paris, mai 1998.

KORNAI, János, *The Socialist System: The Political Economy of Communism*, Princeton, Princeton University Press, 1992.
LANGE, Oskar, *On the Economic Theory of Socialism*, Review of Economic Studies, 1936-1937.

LIN, Justin Yifu, *The China Miracle*, Hong Kong, Chinese University Press, 2012.

MANNAN, M. Abdul, *Islamic Economics : Theory and Practice*, Londres, Kegan Paul International, 1987.

MAUDUDI, Abul A'la, *The Economic Problem of Man and its Islamic Solution*. Lahore, 1975.

MCKINSEY GLOBAL INSTITUTE (MGI), *The Future of Wealth and Growth Hangs in the Balance*, 2023.

NAUGHTON, Barry, *The Chinese Economy: Transitions and Growth*, Cambridge, MIT Press, 2007.

NOURI, Mohamed, *L'économie islamique : une approche éthique*, Paris, L'Harmattan, 2023.

NOVE, Alec, *The Economics of Feasible Socialism*, Londres, George Allen & Unwin, 1983.

PIGOU, Arthur Cecil, *The Economics of Welfare*, Londres, Macmillan, 1920.

PONTHIEUX, Sophie, *Le capital social*, Paris, La Découverte, 2006.

RODRIK, Dani, *One Economics, Many Recipes*, Princeton, Princeton University Press, 2007.

SADR, Baqir, *Iqtisaduna* (Notre Économie). Beyrouth, 1961.

SEN, Amartya, *Commodities and Capabilities*, Amsterdam, North-Holland, 1985.

SEN, Amartya, *Development as Freedom*, New York, Knopf, 1999.

SMITH, Adam, *Recherches sur la nature et les causes de la richesse des nations*, Londres, 1776.

STIGLITZ, Joseph E., *Globalization and Its Discontents*, New York, W.W. Norton, 2002.

STIGLITZ, Joseph E., *Information and the Change in the Paradigm in Economics*, Nobel Prize Lecture, 2001.

TAHIR, Abdullah, *Zakat Revenue and Community Development*, Djeddah, Islamic Development Bank, 1989.

TIROLE, Jean, *Économie du bien commun*, Paris, Presses Universitaires de France, 2016.

TRADING ECONOMICS, *Japan - Central Government Debt*, 2026.

UNITED NATIONS DEVELOPMENT PROGRAMME (UNDP), *Human Development Report 2023/2024: Breaking the Gridlock - Reimagining Cooperation in a Polarized World*, New York, 2024.

WAGNER, Adolph, *Les fondements de l'économie politique*, 1904.

WILLIAMSON, John (dir.), *Voluntary Approaches to Debt Relief*, Washington D.C., Institute for International Economics, 1988.

WORLD BANK, *Food and Hunger*, Washington D.C., 1996.

WORLD ECONOMIC FORUM (WEF), *The Future of Growth Report 2024*, Genève, 2024.

YAMADA, Makio, *How Did Japan Achieve a 1% Unemployment Rate? Facilitating the Education-to-Employment Transition*, Riyad, King Faisal Center for Research and Islamic Studies, 2017.

ZAKI, Ramzi, *Debt and Development*, Le Caire, Dar al-Mustaqbal al-Arabi, 1985.

TABLE DES MATIÈRES

Revue « Marché et Organisations »

Promouvoir la recherche originale sur les relations de plus en plus étroites entre le marché et les organisations. Les acteurs économiques de taille, de puissance et de pouvoir différents dont les intérêts peuvent être convergents, complémentaires ou, le plus souvent, antagoniques, ont tendance à organiser les marchés. La raison du marché, pourtant, est la référence stratégique pour l'entreprise ainsi que pour les institutions publiques de décision économique.

N°6 : Entrepreneuriat et accompagnement. Outils, actions et paradigmes nouveaux, 2008
N°7 : Développement durable des territoires. Economie sociale, environnement et innovations, 2008
N°8 : Développement durable et responsabilité sociale des acteurs, 2009
N°9 : Gouvernance : exercices de pouvoir, 2009
N°10 : Le travail collaboratif. Une innovation générique, 2009
N°11 : Economie sociale et solidaire. Nouvelles trajectoires d'innovations, 2010
N°12 : Relations à la marque et marques de la relation. Regards croisés sur le management relationnel de la marque, 2010
N°13 : Les contrats au service de la recherche ?, 2011
N°14 : Le potentiel économique de l'Afrique subsaharienne, 2011
N°15 : Management de la distribution, 2012
N°16 : Territoire Vert. Entreprises, Institutions, Innovations, 2012
N°17 : Eco-conception, conception et innovation. Les nouveaux défis de l'entreprise, 2013
N°18 : Intelligence économique : entreprises et territoires, 2013
N°19 : La finance globale. Un monde fini, 2013
N°20 : La crise du « développement », 2014
N°21 : La Chine innove. Politiques publiques et stratégies d'entreprise, 2014
N°22 : Go East! Nouvelles Economies de Marché, 2015
N°23 : L'économie du changement, 2015
N°24 : Le temps des artisans. Permanences et mutations, 2015
N°25 : Innovations de proximité et esprit d'entreprise, 2016
N°26 : L'avenir des économies du Maghreb : entre inertie structurelle et envie de rupture, 2016/3 (n° 27)
N°27 : Le sport aux frontières du marché du travail, 2016
N°28 : Dynamiques internationales des entreprises, 2017
N°29 : L'univers du risque, 2017
N°30 : Les petites entreprises dans l'histoire industrielle, 2017
N°31 : Economie sociale et *social business* ? Au défi d'entreprendre et se financer, 2018
N°32 : Éducation et fertilisation des économies africaines, 2018
N°33 : L'entrepreneuriat innovant dans les pays du Maghreb, 2018
N°34 : L'entrepreneuriat scientifique : institutions et innovation, 2019
N°35 : Le champ économique de la culture, 2019
N°36 : Economie sociale et solidaire ? Modèles d'innovation et modes de gouvernance, 2019
N°37 : Rethinking Luxury Business, 2020
N°38 : La santé connectée. Nouvelles technologies et réorganisation des soins, 2020
N°39 : Options stratégiques et systèmes complexes d'innovation, 2020
N°40 : Les services : intégration des systèmes productifs et lien social, 2021
N°41 : Crise pandémique, crise globale. Réalité et controverses théoriques, 2021
N°42 : La crise de la covid-19. Le marché et les organisations en perspective, 2021
N°43 : (Re)faire système. *Bug & reset*, 2022
N°44 : Aléas du marché et management du risque, 2022
N°45 : Le renouveau du transport et de la logistique : les systèmes d'information, 2022
N°46 : Entrepreneuriat et innovation dans l'enseignement supérieur, 2023
N°47 : Le tourisme créatif. Culture, créativité, patrimoine, management, 2023
N°48 : L'Afrique : questions de performances, 2023
N°49 : *Fintech* en sciences du management, 2024

https://www.cairn.info/revue-marche-et-organisations.htm

Collection « L'esprit économique »
fondée par Sophie Boutillier et Dimitri Uzunidis en 1996

Dernières parutions

► ***Série Economie et Innovation***
M. TOMAS, *Gouvernance territoriale et développement économique au Maroc : l'opportunité d'une étude économétrique*, 2025.
R. GUILLET, *Le fruit du travail : inverser la logique*, 2026.
P. MOLEKA, *Au-delà du PIB : vers un indice de prospérité durable, inclusive, culturelle et spirituelle*, 2026.
T. MICHAUD, *La science-fiction : anticiper le présent, imaginer le futur... innover*, 2026.
► ***Série Le Monde en Question***
E. FAKABA SISSOKO, *L'État, le marché et la fragilité : dynamiques croisées de l'investissement public et privé dans l'Alliance des États du Sahel (AES)*, 2025.
Ch. PROVIDENCE, *Développement durable dans la Caraïbe francophone : économie, culture et politique sociales face aux enjeux territoriaux*, 2025.
J. O. IGUE, *L'économie du Bénin : de l'indépendance à l'ère de la rupture : 1960-2026*, 2026.
A. EL HAJRI, *Intelligence économique territoriale en Afrique : stratégies de résilience, d'entrepreneuriat et de développement international*, 2026.
J.-C. MATONDO, *Inflation post covid-19, guerres commerciales et chaîne alimentaire mondiale - TOME 1 Inflation alimentaire post covid-19 et zone euro*, 2026.
J.-C. MATONDO, *Inflation post covid-19, guerres commerciales et chaîne alimentaire mondiale - TOME 2 Guerres commerciales us et inflation alimentaire*, 2026.
► ***Série Krisis***
V. SOYER, *Critique de la théorie contemporaine de la valeur*, 2024.
E. CARREY, H. LANDIER, *De l'économie financière à l'économie du sens et du soin*, 2025.
J.-E. BRUNIE, *Faire le choixce : Une monnaie universelle pour réparer le capitalisme et protéger le vivant*, 2026.
H. MADOUCHE, *Le sous-développement durable : les pays en « voie de développement » se sont trompés de voie !*, 2026.
► ***Série Clichés***
B. S. BONBON, *Géométrie parabolique tridimensionnelle ou perspective parabolique*, 2023.
S. BOUTILLIER, B. LAPERCHE, S. T. K. LE, *Ports industriels en transition : De l'économie circulaire à la décarbonation*, 2024.
B. HAGIARIAN, *En route vers le capitalisme*. Suivi de *Qu'est-ce qu'un supermarché ?*, 2025.
► ***Série Cours Principaux***
Y. KEHO, F. B. DOUCOURE, *Économétrie des données de panel : rappels de cours et applications avec Stata*, 2025.
Z. T. M. VAHI, *Modélisation du risque de crédit bancaire/ Les enjeux de la norme IFRS 9*, 2025.
M. Y. EL ALAOUI ISMAILI, J. AYEGOU, B. GBAOUI, *Méthodologie de recherche en sciences économiques : réussir sa thèse et son mémoire de fin d'études*, 2026.
M. KUENGIENDA, *Qu'est-ce que l'économie ? Introduction aux théories économiques*, 2026.
► ***Série L'économie formelle***
J.-N. COTTIER, *Les financières de l'immobilier locatif : SCPI, OPCI (SPPICAV et FPI) et SIIC*, 2025.
O. S. AWAL, *Fiscalité, financement structuré et le rôle du leveraged buyout : théories financières, nouvelles approches de valorisation et application aux économies émergentes*, 2026.
Y. DOSQUET, *Monnaie et raison d'État : une histoire de l'argent dans les civilisations occidentales. Volume I. L'Antiquité*, 2026.
Y. DOSQUET, *Monnaie et raison d'État : une histoire de l'argent dans les civilisations occidentales. Volume II. Le Moyen Âge*, 2026.
Y. DOSQUET, *Monnaie et raison d'État : une histoire de l'argent dans les civilisations occidentales. Volume III. La Modernité*, 2026.
E. PAGET-BLANC, F. SOUISSI, S. SOUISSI, *La dette publique : monétisation, notation et restructuration ?*, 2026.

Structures éditoriales du groupe L'Harmattan

L'Harmattan Italie
Via degli Artisti, 15
10124 Torino
harmattan.italia@gmail.com

L'Harmattan Hongrie
Kossuth l. u. 14-16.
1053 Budapest
harmattan@harmattan.hu

L'Harmattan Sénégal
10 VDN SICAP AMITIE 3
BP 45034 Dakar-Fann
direction@senharmattan.com

L'Harmattan Cameroun
Tsinga/Derrière polyclinique FECAFOOT
BP 11486 Yaoundé
Jacques.koukam@harmattan.fr

L'Harmattan Burkina Faso
Villa 281, secteur 23 623, rue 14.32
Ouagadougou
zagbie@outlook.fr

L'Harmattan Guinée
Almamya, rue KA 028 OKB Agency
BP 3470 Conakry
harmattanguinee@yahoo.fr

L'Harmattan RDC
185, avenue Nyangwe
Commune de Lingwala – Kinshasa
matangilamusadila@yahoo.fr

L'Harmattan Congo
219, avenue Nelson Mandela
BP 2874 Brazzaville
deunovmikhael@gmail.com

L'Harmattan Mali
Immeuble Mgr Jean Marie Cissé
Aci Hamadallaye
BP 145 Bamako
syllaka@yahoo.fr

L'Harmattan Togo
Djidjole – Maison Amela
face EPP BATOME
02 BP 20680 Lomé
didieramela11@gmail.com

L'Harmattan Côte d'Ivoire
Résidence Karl – Cité des Arts
Abidjan-Cocody
03 BP 1588 Abidjan
harmattan.ivoire@gmail.com

L'Harmattan Bénin
Rue 604, (Immeuble à l'entrée
de la rue UCAO- Cite de Saint-Jean)
Cotonou
stepcorpus@gmail.com

Nos librairies en France

Librairie internationale
16, rue des Écoles
75005 Paris
librairie.internationale@harmattan.fr
01 40 46 79 11
www.librairieharmattan.com

Librairie des savoirs
21, rue des Écoles
75005 Paris
librairie.sh@harmattan.fr
01 46 34 13 71
www.librairieharmattansh.com

www.ingramcontent.com/pod-product-compliance
Lightning Source LLC
LaVergne TN
LVHW021745071126
851857LV00039B/788
9782336640099